Ciel slash 空

従えて フノイの樹木の君よ／ slash 太陽のあてラー

煌めきの桴て は 翔がて slash しかし 千回りのようにてれ

かて slash にて しかを芳へ／ている 思考のアサくミルの

緑のひかりが slash 蒼い宇宙の一瞬して あって slash

〈ミナ〉は・千紅の前とナリ〈 slash 他の樹木の君よ／

2.

１倍ヨ注

２行アケ

当ずっとして slash 当てて、いた

従来てアイ代の樹木の名は、slash てめえ！

信仰の樹木として従業をした、たのだあって slash

流木なのだ slash 流木なのだ slash しめえ。

下ば思いきり掛けなくその到来て、

二字 でんながてうだ、待ち受けたら

よいのだろうが、……。小林康

ツレ強目にナナメ打ち

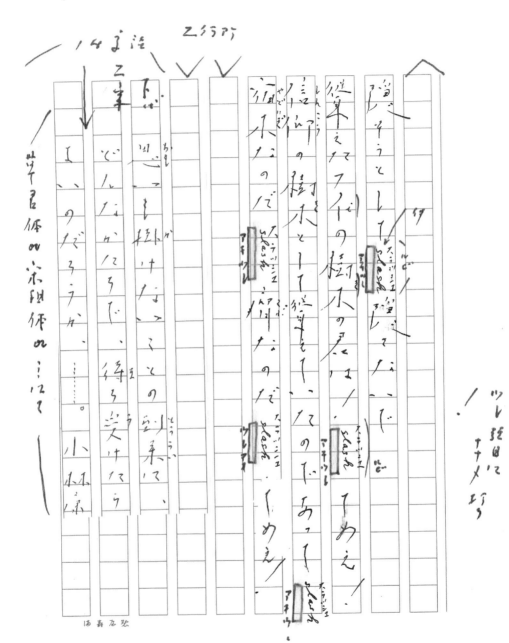

四字目体の宋朝体にして

三

14字詰め、草体に宋体にて

二、三字下げ

代からのお話を面影にして、
……話を面影にしては、愛なの
だけれども、それだ信へ。あ
うし、作品化の余地への……のこと
を、いまわたくしは漠然として
考えている。詩がある姿をも
って、音、韻、波、流、ルの
たましいがそ。形式でも、
えるのだし、語調も色、
そも、いえるのだろう。そして

14ポ擬 革の宋朝体

23下

いま、何[なん]がまえにて〈心〉と

読[よ]してみたときの〈心〉の蘇りの

ような ものへの 逆がなり小径を並

いてみたい。これがはじまりだ。

いま、わたしの年は、これが

はじめてだ。と〈これがはじまり

だ〉って認[あらた]めていて。この〈刹那[せつな]〉

の〈心〉がホーンテッド（浄瑠璃・おそらく江戸時代）

の〈江戸時代〉のひろがり、ひろがり、さらにさらりさらりが浄土への抜道なのであって、な

のであって、〈ムードムード〉エル

ルビ付で信息

割注。

西嘉居蔵

五.

と、未来の鳥の囀りが、たしか
に、たが、だ、やさぐ降りて来て
いて、別の空へ、飛ぶ。

ケードケードミエル slash ミエルケドドド
ドドドドミエル slash ドミエルンドル

ここからも、未踏の小径に這入
て行きつつ、作品が崖へ

すも、ラれにらし、、真中(ドイツ語)

の径、……ラ、ン、ン、不思議の

水溜りの曇り日の下の曇り日の

下の窓(下午)slashラ、ム、炎の

折れの交合(交接)して、不思議!

、、slash 不思議! slash だたたのが

毛交紙にくくCielの

僕ーー小径を刻っているくらい

slash 不思議、、、ガ、くく

から緑の網の径が開けてい

七、

了flash果てし無い！

信之

うん、毛布、やや、、あまり

を残し、（詩筋の心らしいま

のをし、うん、毛布、やや、ホ

ね、残して、終えてみよう。綴

了するのだぞ、を叫べよ！flash

終えるのだ！、

ああ、終えるのだ！

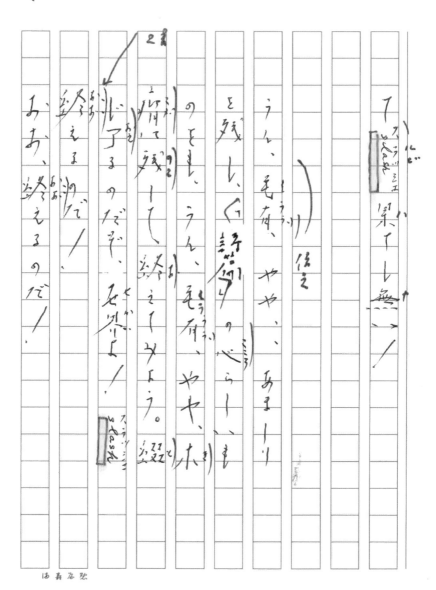

八、

Cノミ全部イタリック・小

Ciel stash 空を、懸命て吊り上げていく

ア、ノて stash ーー 仁慈の小ハンノの瀧アリの森の

札ミ しーー ギラギラ／ stash 血りの枝の札ミ

の、濁りが、stash Ciel の濁り

がい、代の樹木の君の濁りがい、吹き木 吹き木

ごえ、その、だ、あった、のだ、あって、

Ciel stash 空を、代の樹木の君が、うん

だいに／！うん／！だ／。いいに／！

ふりがな強めにナナメ。

Ciel *slash* 空

吉増剛造
Gozo Yoshimasu

聳えたつイの樹木の君よ！ *Slash* 石巻のあたらしい
踏切りの棹には幽かに *Slash* しかし香りのようにたし
かに *Slash* 〝たしか〟を考えている思考の〝アサ、ミル〟の
縁のひかりが *Slash* 別乾坤の明しであった *Slash*
〝ベチ〟は、舌の鄙ビナリ、*Slash* イの樹木の君よ！

隠そうとして *Slash*(スラッシュ) 隠さないで
聳えたつイ(i)の樹木(き)の君は！ *Slash*(スラッシュ) てめえ！
信仰(しんこう)の樹木(き)として聳えていたのであって *Slash*(スラッシュ)
宿木(やどりぎ)なのだ *Slash*(スラッシュ) 瘤(こぶ)なのだ *Slash*(スラッシュ) てめえ！

思(おも)いも掛(か)けないことの到来(とうらい)に、
どんなかたちで、待(ま)ち受(う)けたら
よいのだろうか、……。 小林康

夫氏からのお誘い(さそ)を面影(おもかげ)にして、……〝誘い(さそ)を面影(おもかげ)に〟は変なのだけれども、それで佳い。おそらく、作品化の途上、……のことを、いまわたくしは貘然(ばくぜん)と考えている。「詩」がある姿をもって、啞(あ)、羅(ら)、波(は)、零(れ)、ル、のではないかと。「形式(けいしき)」ともいえるのだし、「音調(オンチョウ)」とも「色(イロ)」とも、いえるのだろう。そして

、いま、何秒(なんびょう)かまえに「色(イロ)」と
記(シル)してみたときの心(こころ)の囀(さへ)ずりの
ようなものへの幽(かす)かな小径(コミチ)を歩
いてみたい。これがはじまりだ。
いま、わたくしの手(て)は、〝これが
はじめてだ。〟を、〝これがはじまり
だ。〟に改(あらた)めていた。この〝刹那(せちな)
の色(いろ)〟がホーベンケド（親鸞「方便化土」おそらくこの〝方便〟のひろごり、ひろがり、さらに〝ひがろり〟、〝さらに〝ろりろり〟が浄土への抜道なのであって、……）
なのであって、〝ゲドケドシイエル〟

と、未来の鳥の囀ずりが、たしか
に、たか、だかと、聞こえて来て
いて、別の空へ、飛ぶ。

ケドケドシイエルSlashシイエルケドドド
ドドドドシイエルSlashドシイエルシドル

ここからも、未聞の小径に這入
って行きつつ、「作品」が考へ、

てもいられたらしい！　首題(しゅだい)（Thema ドイツ語）の傍道(ソバミチ)、……〃ウーン〃見聞(ミモン)も水溜(ミズタマ)リの曇り日(くもび)の下(モト)の曇り日(くもび)の下の唇(くちびる)（ベ、チ、別の、…）Slash(スラッシュ) うん」、光(ひかり)の…折れの交合(こうごう)（性交…接吻…）に、糞(くそ)！　Slash(スラッシュ) 糞(くそ)！　Slash(スラッシュ) どなたなのか、羊皮紙(ようひし)に〃il〃〃Ciel〃と優しく小径(みち)を制(つく)っている、、Slash(スラッシュ)〃糞風景(くそふうけい)、、、〃が、ここから緑(ミドリ)の稲妻(イナズマ)の径(ミチ)が開始(はじま)っていてSlash果てし無い！

うん、毛有、やや、あまーりを残し、「詩篇」の心らしいものをも、うん、毛有、やや、木瘤に残して終えてみよう。綴じ了るのだぞ、世界よ！Slash終えるのだ！
おお、終えるのだ！

Ciel *Slash* 空を、懸命に吊り上げようとしていた *Slash* 石巻の小川町の踏切りの棒の軋ミも、そうだ！ *Slash* 世界の根の軋ミの、幽かな、*Slash* *C*、*Ciel* の（野……）幽かな、イの樹木の君の幽かな啼き、啼きごえ、なの、で、あった、ので、あって、*Ciel* *Slash* 空を、イの樹木の君が、うんでいた！ うん！ で！ いた！

光、響いて、希望！　それを聴く。
われわれは〈希望〉を聴く！
おとずれる〈響き〉を聴く！　あなたとともに。

いま、夜が明ける！——音楽の光！

本年九月二十四日、紀尾井ホールでコンサートが予定されている。それに合わせて本号は編集された。クラシック音楽のコンサートではめずらしく、このコンサートはひとつのコンセプトを核にして構成されており、それが「いま、夜が明ける！――音楽の光！」。

じつは、これはわたしが発した一言がもとになったもの。というのも、コンサートの立ち上げにわたし自身が関わっていたからである。東京ニューシティ管弦楽団を「振る」のは、わたしの東京大学での教え子のひとりであった木許裕介さん、そして福島の子どもたちや障がいをもつ子どもたちとともにコロラトゥーラの歌声を聴かせてくれる「ウィーン歌姫」の田中彩子さんも、本号執筆の千種さつきさんとのご縁で知己を得たわたしの「友」である。

ならば、田中さん、木許さん、またこのコンサートのためにいろいろ尽力してくれている若い人たちの「ことば」を集めて、ここに「ことばのコンサート」を開いてみようと思いついたのだ。

なにしろ、この雑誌の名は「午前四時のブルー」である。まさにここからこそ「夜が明ける！」のでなければならないからだ。コンサートのフライヤーに、わたしは次のような文章を寄せた。

いま、夜が明ける！――この言葉が口をついて出た。九月のコンサートに向けて最初の相談をしていたときだ。このコンサートに、われわれの願いをこめよう。みんなでひとつの祈りの場を開こう。新型コロナの災厄がひろがるこの闇の時代、音楽とともに、一筋の光が差し込むように、と。この言葉を、若い指揮者の木許裕介さん、ウィーンの歌姫・田中彩子さんが全身で受けとめてくれた。しかも、若い少年少女たちもその祈りの場に加わってくれることになった。なんという展開だろう！　ここにこそ希望がある。希望とは、言葉ではない、思想ではない。それは光であり、響きである。

遠くから響いて来るものを聴く、そこにこそ「夜明け」のEthicsがあるのではないか！

（小林康夫）

プログラム

アンリ・デュパルク　夜想詩曲「星たちへ」
エヴァ・デラックァ　「ヴィラネル（田園詩）」
上田真樹　合唱組曲「あめつちのうた」
アンドリュー・ロイド・ウェバー　「ピエ・イエズ」
エイトル・ヴィラ＝ロボス　「ブラジル風バッハ九番」
フェリックス・メンデルスゾーン　交響曲第四番「イタリア」

夜、深く自分と向き合う感覚
――ウィーン・声・夜の女王

田中彩子×小林康夫

以下の対談は、二〇二一年五月から七月のあいだにウィーンと東京のあいだで断続的にメールを通して行われたものである。

小林 九月二十四日の紀尾井ホールのコンサートに向けて、こんなすてきな対談の機会を得ることができてとても嬉しいです。ありがとうございます。

なにを語っていただいてもいいのですが、最初のきっかけとして、わたしのほうから、田中さんにとっての音楽についてうかがってみたいと思いました。

もうすでにあちこちで語っていらっしゃるのかもしれませんが、田中さんの人生にとって、決定的であった「音楽との出会い」はどうだったのでしょう?たずねたら、どんな答えが返ってくるでしょうか? まだ音楽家になる以前の、ある意味では、人生の最初の「音楽の衝撃」がなにであったか? そしてそれをどのように受けとめられたのか、教えていただければと思いますが……。

田中 これはよくインタビューでもご質問いただくことが多く、ドラマティックなお話をご期待されるので格好をつけたいところですが、残念ながら、ご期待に沿えるようなお話はできません。

というのは、わたしはピアノとエレクトーンを三歳から習い始めて、物心ついたころには、「ご飯を食べる」「お風呂に入る」「歯を磨く」と同列に「ピアノを弾く」がありました。なので、音楽との出会いも覚えてなければ、あまりにもわたしの生活の一部になっていたため、特別なものではなかったのです。ですから、よくある「〜の何番の交響曲を聴いたときに……」といったような音楽家らしいお答えはできないのですが、衝撃的な経験というのを思い返すと、一番に思い出すのは、はじめてウィーンに降り立った時でしょうか。

　ウィーンに着いた瞬間、景色はもちろん、空気、におい、温度、すべてが「ああ、今まで弾いていた曲はここからうまれた。やっと故郷が見れた！」という感覚がありました。理屈では表せられないその衝撃、今まで何かが足りない感じがしていたものが何だったのか、「腑に落ちた」感覚は今でも鮮明に覚えています。

小林　いいですねえ。わたしも、じつは、この七十年あまりの人生で、いま彩子さんがおっしゃったのと同じような意味で、もっとも衝撃的な光景は、一九七七年の早春、はじめて、あれほど憧れていたパリに——オルリー空港だったのですが——降り立ったときでしたね。とうとう来れたんだ、パリに！と。「やっと故郷が！」とまでは感じなかったかもしれないけれど、どうしても来るべき場所に来たと。二十七歳でしたが……彩子さんの場合は、もっとずっと若かったですよね？

田中　その時は十八歳でした。小さいころからヨーロッパの小説が大好きでたくさん読んでいたので、ヨーロッパの美しい風景をいろいろ想像していたのですが、私のイメージは今思えばイギリスやアイルランドのイメージだったみたいで……。ウィーンはそれよりもずっとダークな雰囲気でしたね。三月末だったのに雪が降っていて、戦争の面影をいまだに感じる建物に降り注ぐ粉雪の美しさといったら、それはもう絵の世界でした。

小林　いま、「やっと故郷が見れた！」とおっしゃったけど、それが「故郷」である音楽とはどういうものだったのですか？　なにが、ベルリンでもパリでもロンドンでもミラノでもなく、ウィーンへと向かわせたのでしょうか？

田中　なんでしょうね、理屈では説明できない空気感というか、それは今でもパリへ行ってもミラノへ行っても思うことですが、ウィーンだけはやはり少し特殊な感じがしますね。昔から様々な作曲家がウィーンで認められるために集まり、大勢が人生最後の時をウィーンで迎えた歴史があるように、音楽の集大成が集まる何かがウィーンにはあるのではないでしょうか。

小林 誰かひとりの決定的な作曲家の影響ではない、ということかしら、その感じは？　わたしもわからないではないんです。十代の後半からパリに強く惹き付けられていくのですが、では、決定的な作家・アーティストがいたかというと、名前はたくさんあがるけれど、なかなか一人に絞るのは難しい。でもそこで、あえて言えば……ということで、いつもジャコメッティの名前をあげていました。矢内原伊作が書いた『ジャコメッティとともに』が「とどめ」でした、と。多少、自分自身の人生を「神話化」しているわけですが、田中さんの場合は、どうなのかしら？　たとえば、やはりマーラーですとか、言ってみたりしないのかしら？

ついでに言うと、わたしがウィーンにはじめて行ったのが、一九七九年だったと思いますが、そのときは、「モーツァルト」が指示記号でしたね。ザルツブルクで泊まって、それからウィーンに行ってモーツァルト関連の場所を観て歩きました。お金がないからコンサートにもオペラにも行けませんでした。せいぜいザルツブルクで、マリオネットの「魔笛」を観たくらい。でも、それ以来、「魔笛」はわたしの人生の一部になってしまっているのですが……。たしかウィーンの路面電車が走るすぐ横の公園にモーツァルトの像がありませんでしたか？　なぜかとてもよく覚えています。

田中 そうですね、ひとりの作曲家の影響が決定的ではなかったと感じます。ご存じのように、当時中央ヨーロッパは約六百年以上続いたハプスブルク家の支配領域で、ウィーンはそのハプスブルク大帝国の首都でしたから、当時から今でいうスペインからハンガリーまで、いろんな場所からの文化、そして音楽を愛したハプスブルク皇帝貴族の元に皆が集まっていた場所となります。モーツァルトの出身地であるザルツブルクも当時は別の国でしたし、マーラーはチェコになります。ベートーヴェンはドイツですし、生粋のウィーン人はシューベルトとヨハン・シュトラウスでしょうか。とにかく長らく色んな文化と音楽が行きつく最終地点がウィーンだったのだと思います。

小林　田中さんのお好きなウィーンの場所を三つ教えてとお願いしたら、どういう場所があがるかしら？

田中　わたしは自然が好きなので、一番のおすすめはウィーンの森でしょうか。ウィーンの森を散歩しながらインスピレーションを受けた作曲家は多いです。

　次は、近くになりますがやはりホイリゲという、毎年その場にあるワイン畑でできた新酒を飲むカジュアルなお店が集まった場所で、かのベートーヴェンはそこのワインが好きすぎてホイリゲ近くに引っ越したという話もあるくらいです。でもただの酒場ではなく、そこでいくつも政治的な密会がされてきた非常に重要な場所で、まさにウィーンの核となる場所だと思います。そして最後は、王道ですが、シューンブルン宮殿でしょうか。

小林　はじめてウィーンに行ったとき、すでにドイツ語をマスターなさっていたのですか？　田中さんがどのように外国語と関わってきたか、知りたいです。

田中　いいえ、なにせ留学しようと決めてから約半年でウィーンへ旅立ちましたので、ろくな準備もしませんでした。むしろ、歌をまだほとんどやったことがなかったものですから、歌をもう少し練習してからとか、歌のレッスンに必要な用語だけメモして……という状態で、「日常会話は行ってからなんとかしよう」という感じでした。当時は、歌以外は、正直どうでもいいという感じでしたね。ですので、現地へ行ったときには、みんなが何言っているのか、あたりまえですがまったくわからなかったですね（笑）

　よく考えれば一人暮らしも初めてでしたし、書類上の手続きとか、「あっ、言葉が出来ないと生きていけない」って心の底から感じたので猛勉強しましたけれど、まぁ、人間必死になればある程度のことはできるんだなと思いました。

小林　それで、歌についてですけど、どのようにご自分の歌、あるいはご自分の声に目覚めたのでしょう？　それは、誰かに発見してもらうものなのですか？　それとも、ずっとピアノをやってきて、自然に、ピアノから歌に移行なさったのかしら？

田中　三歳からピアノを始めていたこともあって、もともとは自然とピアニストを目指していました。でもある年齢から自分の弾きたい曲が手が小さくて鍵盤に届かないということが何度かありました。毎日指を伸ばすために引っ張ったりストレッチしたりしていましたが……。その時ちょうど進路相談の時期で、音楽大学に進みたいけれど、ピアノでは難しいと感じたのです。なぜならその時点ですでに手の大きさの関係で限界を感じていたし、進むのならばプロになれないと意味がないと思ったのです。とはいえ今さら音楽と関係のない道へ行くのも違う気がする……と迷っていたところ、歌なら楽器を購入する必要はないので、歌をやってみたらと当時のピアノの先生に言われ、色々なご縁で声楽の先生をご紹介頂くのです。その方がたまたまウィーン留学から戻られたばかりの方だったのですが、初めてのレッスンで声を出してみた時、私の声が稀なコロラトゥーラ（声楽における装飾法）だと言うことを発見してくださったのです。

小林 やっぱりウィーンで「歌」の先生につくわけですよね？　田中さんは、日本のいわゆる音楽大学を出ているわけではなくて、はじめからウィーンで「歌」を学んだということなのかしら？　つまり、田中さんにとっては、ウィーンは「歌」の都なのかしら？

田中 その先生と歌のレッスンを開始してすぐの頃、たまたま他の門下生たちと共にウィーンへ研修旅行に行くから一緒に行きましょうと誘ってくださったんです。当時他の方々は皆大学生で、私はまだ高校生でしたが、両親に話したら行っていいよというのでついていきました。そして、そこで講習を受けた宮廷歌手の方に「本気で歌手になりたいなら今すぐウィーンへ来なさい。私が教えるわ」とスカウトしてくださり、じゃあそうします、という感じでウィーンへ行くことになったので、歌の右も左もわからないままウィーンへ来てしまったという感じでしたね。

小林 (本号にも執筆してくださっている) 千種さつきさんのお茶会で、田中さんにはじめてお会いしたときに、「魔笛」の「夜の女王」の話で盛り上がったのを覚えているのですが、さきほど申しましたように、わたしにとっては、あのアリア二つはわが人生に伴走してくれる歌でもありまして、じつは、パリに留学していたときに、屋根裏の安アパルトマンの隣りに、声楽家志望の学生がいて、毎日あのアリアを練習するのですが、その一番高い音のところでいつもちょっと失速してしまうんですね。壁越しに聴いているわたしの心も昇っていって、最後にガクンときて「ああ！」となってしまって、ちょっとしたトラウマでしたね。

田中　あの曲は本当に難しい曲で、とにかく良くも悪くも「勢い」がいる曲なんです。体力的にも精神的にも。なので、よく若手がやりますよね。パミーナの方がだいたい夜の女王より年上のことが多いです。若い時のほうがトラウマ的な恐怖が少ないので（笑）

小林　それ、おもしろいですね。「母（夜の女王）」のほうが「娘（パミーナ）」よりも若くなくてはならないというのは！　いつだって「夜」は若いのだ！とか、乱暴に言ってみたくなりますね。でも、その「夜」はいつかは明けなければならない。そう、「いま、夜が明ける！」というのが今度やるコンサートのコンセプトですが、最後に、このコンサートにのぞむ田中さんの思いを語っていただけませんでしょうか？

田中　夜は必ずしもネガティヴなものではないと思うのです。深く自分と向き合う感覚、生きていく中で特別な時間だと思います。ただ時には見たくないものや弱さ、心の奥底にある恐怖が剥き出しになって闇に飲まれそうな時もある。そんな時に訪れる夜明けの光はそれは特別なものですよね。でも夜があるからこそ、その光を感じられる。九月のコンサートを通して今暗闇でもがいている方に少しでも夜明けの光のような新たな勇気やエネルギーが響き渡れば、それは素晴らしいことだなと思います。そして音楽、文化があるからこそ人は人らしく生きられるということをもう一度感じていただけたら嬉しいです。

小林　ありがとうございました。

ヴァリアシオン・シャンタント——海へ

木許裕介

誠実さは、各瞬間にそれがこめられていれば、たとえ外見上は矛盾の連続に見えても、自己の最上のものをしばしば犠牲にするよう強いられる理論上のあらゆる線よりも、さらに真っすぐで深遠な線を描くものである。

（ジャン・コクトー「モーリス・バレス訪問」）

真っ暗な山道を一列になって歩く。街灯は遥か遠くに消えた。うねった道の先から不意に車が飛び出してきて、あわてて側道に逃げる。人生ではじめて死を意識する。

冷たい汗でぐっしょりになりながら、夜通しかけて山を越える。そしてついに目的地の海にたどりつく。闇のなかで朝陽を待つ。砂浜に倒れ込んで波の音を聞く。しだいに波が迫ってくるのがわかる。ああ、満潮が近い。疲労の限界で気絶するように眠りに落ちた友人たちを横目に、絶望的に重い身体を引きずって、波打ち際まで歩いていく。

信じられない景色を見た。立ち上がって崩れる波の数々。突然、その波の一つが緑色に輝いた。濃い藍色につつまれた世界で、緑色にかがやく波の壁が立ち上がり、崩れた。海ほたるだった。

波が緑色に光る。見上げれば、またたいていた星たちが、黒と藍と朱のグラデーションの朝焼けの中に吸い込まれていく。確かにこの世のものなのにこの世のものでないように思えた。その美しさにことばを発することもできず、ただただ息を呑んで夜が明けていく様子を見守り続けた。午前四時のブルー。そのときわたしは十四歳だった。

❦

匍匐訓練をさせられる演習の折り、地球に穴を穿ったという感じの蟻の巣穴を見ていた。自分の穴に出入りする蟻を羨み、蟻になって穴の底から青空だけを見ていたい。そんな思いで描いたものである。深い穴から見ると、真昼の青空にも星が見えるそうだ。

(香月泰男)

山口県出身の画家、香月泰男(かづきやすお)に「青の太陽」と題された作品がある。深い穴から見上げた青空に星がきらめく。シベリア抑留の記憶を描いた一連のシリーズの作品だ。この一枚の前に身を置いたとき、あの夜明けの海に面したときと同じように、わたしはそこから動くことが出来なくなった。なんという青！　見上げると同時に崩れ落ちていくような星々。さきほどまで街を歩いていた自分が一瞬にして極小の存在となり、大きなものに包まれるような感覚。しかし決して無力に打ちひしがれるようなものではない。たとえようもなく、物語を紡ぎ出していくエネルギーに満ちていた。

❦

それは、ベートーヴェンの第九番交響曲の最初のページを開いたときにも似ていよう。「揃わない」ことを織り込んだトレモロの響き。ホルンの持続音が夜明けを予感させるが、調性はいまだわからない。混沌が世界を揺らしはじめる。それは快い響きではなく、神聖なノイズだ。聞こえなかった耳に少しずつ音が聞こえ始めるように。微細な振動が大波となって、緑にかがやいて崩れるように。混沌のなか、Sotto voce（声を潜めて）という指示が付されて五度と四度の下降系で光が射す。ほんの些細なそれが、しだいに渦に揺れを作り出し、世界を創造する。うねりが押し寄せる。空間が締まっていく。この間、十七小節。時間にして三十秒足らず。楽譜にしてわずか二ページ。

一八〇二年の「ハイリゲンシュタットの遺書」で、彼はこう書いている。

昔あった、あの懐かしい「希望」。この地なら、少しは良くなるだろうかと思ってやって来たのに、その望みも断たれてしまった。人に聞こえて自分に聞こえないときには、どれほどの屈辱感を味わったことだろうか。そうしたことに出会うと、全く絶望し、すんでのところで自殺しようともした。そうしたとき私自身の芸術だけが、生へと引き戻してくれたのだ。（……）やり残したことをせずに死を迎えるのは口惜しい。死が遅く来ることを願う。でももし、死神が早い死を望むならうけてやろう。やって来い、死よ。さようなら。私の死後も、どうか私を忘れないでくれ。

彼は、第九番交響曲第一楽章の初期のスケッチに、「絶望に満ちた悲しみの状態」と記していた。「第九」においては主題が〈在る〉のではない。彼は手探りで主題を〈発見〉する。彼はモーツァルトとは違った。手探りで、真っ暗な中から絶望的な格闘とともに何かを摑み取ろうとした。ベートーヴェンはここで自身の生そのものと音楽との距離を融解させた。生が音楽になり、音楽が生になった。

自分でなんとかしようとするのではなく、ここは相手の力を使いなさい。

ちょうどこの第九番交響曲のレッスンを受けていたときのことだ。いまは亡き師からその言葉を得たとき、わたしは思わず、「サーフィンと同じですね」と叫んだ。夜明けに辿り着いた海で押し寄せる波のうえにどうやって立てばいいのか四苦八苦していたころ、ふらりと海辺にやってきた地元のサーファーが全く同じことを言っていた。「波に乗ろうとするのではなく、波の力を借りなきゃ喧嘩しちゃうよ」と。

あるいは、萩でろくろを回させてもらったときも同じ言葉を聞いた。

物をつくろうとするのではなく、土が〈かたち〉になりたがるのを導くように。

表現者はどこかで「自分だけの」何かを宿すわけだが、〈それ〉に自分を刻印しようとするとき、裏返しの現象として、わたしが〈それ〉に刻むだけでなく、〈それ〉がわたしに刻むという関係がある。〈それ〉が訴えかけてくるものをどこまで鋭敏に感じとることができるか。オーケストラでいえば、そもそも曲が持っているエネルギーと、演奏する奏者たちのエネルギー。このふたつをうまく引き出すことが出来たならば、指揮者はそこに「乗る」ことも必要になる。そういうことを教わったのだと思う。

頭ではわかっていても出来ないのだ、それは。指揮という営みの極地はおそらく指揮しないことだろう。指揮台に立って指揮しないでいるということがどれほど難しいか。第七番交響曲を指揮するカルロス・クライバーのように在れたらよいのに！

カルロス・クライバーのように鍼を打つ鍼師がいる。というとその人は困惑するだろうか。舞踏のようにその手が身体を撫で、躊躇なく、ここしかないというところに一本が刺されていく。ベッドの上にうつ伏せになりながら、この人にはわたしには見えないものが見えているのだと思った。

若いころは肩凝りを治すのに沢山の鍼を打っていたけど、今ならここに一本打つだけで改善できる。そういうことがわかるのに五十年かかった。人間の体は本当に面白いよね。

そう笑う老匠の声を聞きながら、音楽のことを考えた。音楽にも同じく、一動かせば百動くような核心というものがある。死の直前のペンデレツキのリハーサルを見たとき、彼は自身のヴァイオリン協奏曲第二番「メタモルフォーゼン」のある箇所だけを異常とも思えるほどのこだわりでひたすらに突いていた。そしてそこを研ぎ澄ますだけで全体が立ちあがった。作品には、そういう結び目のような特異点がある。

かといって最初から「たった一本」の次元を狙おうとすると到達できはしない。時間と経験のうちに洗練され、枯れていくしかないのだろう。削り抜いた末の一本と辛うじて掬いあげた希薄な一本とは同じ一本でも全く違うのだから。

静寂を奏でてほしい、とわたしは求める。ステンハンマルのカンタータ「歌」の間奏曲をリハーサルしていたときのことだ。このカンタータが、歌というものがどういうふうに湧き上がってくるのかを描いたものであるならば、その間奏曲には絶対的に静寂が必要だと思った。無音のなかから忍び出るように、聞こえるか聞こえないかギリギリの弦楽器の音が空間をゆらす。

オーケストラにこれほど多くの人がいるのは大きな音を出すためでもあるけれど、たくさんの人で極限まで小さな音や無音を奏でるということもまた魅力なのだ。静寂は、そこにいる全員が身を捧げなければ（de-vote）なし得ない。聞くひとたちも含め、そこに集った人々がひとつにならなければ、静寂は訪れない。ステージ上の演奏者がどれほど頑張ったとしてもそれは容易に打ち崩されうる。静寂をつくるということにおいて、空間を共有する人々はみな演奏者となる。

だから静寂を奏でることはいつも賭けなのだ。静寂が訪れるかどうかは祈ることしかできない。強く願い、身を捧げ、祈る。音なき音のために。

十四歳の記憶に導かれて変奏を繰り返す。わたしは過去の奴隷だろうか？　いや、そうではない。いまこうして指揮の哲学ともいえるものを変奏曲のようにして綴ろうとしたときに、原体験としてのそれを変奏の主題としないわけにはいかなかった。

指揮ということの難しさは、自分にとっての表現を練り上げるだけでなく、それを演奏者に伝え、現実に響かせることにある。どれほど頭のなかで豊かに音楽が鳴っていても、それを伝えて現前させることができなければ、私たちはほとんど意味をなさない。ゆえに伝えるためのテクニックが様々にあるわけだが、しかしやはり、テクニックはイマジネーションを実現するための手段であって、まずもってイマジネーションがなくてはなるまい。

オーケストラという、多様な人々の集まりと一緒に夢を現実にしていくうえでは、指揮者がその夢をどれほど鮮烈に見ているかということ、そこにどれほどの確信を持っているかということに結局のところは尽きるように思う。確信が「ある」ではなく、確信が外まで「みなぎる」かどうか。その違いは途方もなく大きい。

リルケが「わたしは書かなければならないか?」と問うたように、「わたしはこの曲を指揮しなければならないか?」に一切の躊躇なくウィ(Oui)といえるかどうか。技術を超える技術とは、結局のところ、désir——強く欲することなのだろう。

ところで、désir ということばは、ラテン語の de+sidus から成り立っている。sidus は star だから、星からもたらされるものを願う、ということがその語源になる。離れた星からもたらされる「何か」を追い求めることが désir——強く欲すること——なのだとしたら、それはなんと美しいあらわれなのだろう。そうだ、「青の太陽」を見たときに感じたそれは、désir としか言いようのないものだった!

Ce qui n'est pas fixé n'est rien. Ce qui est fixé est mort.
固定されていないものは何にもならない。固定されたものは死んでいる。
(ポール・ヴァレリー『ありのまま』)

楽譜を頭のなかに入れて、移動中でも眠りの間でも、ゆっくりゆっくりとろくろを回すように向き合ううち、不意に涙が溢れて呆然とする。それまで並走していたはずのことばが追い抜かされる。そのあと暫くしてからことばがやってくる。あとからことばが追いついてくるのか？　それとも、全く自分のものではなかったことばが降ってくるのか？

ろくろを回す間は、ぼんやりと論理を考えている。つまりことばで。土の気配を感じ、何か見つけよう、何かを作ろうとしている。しかし、ある臨界点を超えると、作ろうとしなくなる。まるで土と同化したように、あたかも自分が作曲しているかのように……。

そのとき、ことばが追いつかなくなる。この瞬間のためにわたしは音楽をしているのかもしれない。ことばのくびきから解き放たれ、そしてふたたびことばの手をとって踊るときのために。

わたしはことばの可能性を信じる。しかしそれ以上に、ことばを追い越してしまうものの訪れを祈るだろう。夜明けに見た、あの緑の波のように。

Pro-gramme——書き込まれた音楽の予感のために

髙山花子

いつものように、夜明け前に目が覚め、起きている。夏なのに、雨が降っていて、肌寒い。東を向いた曇りガラスの窓には、遠くの青信号が反射していて、淡くぼんやりとした緑が、こちらの部屋の電球の白い光と重なって、闇に揺れている。離れた道路にときおり車が通ると、つかのま、その碧色は半透明のガラスにあざやいで拡散し、ライトのせいなのか、一瞬、ベランダの柵、電線の影が、そこかしこに白く現れては立ち消える。夏至を過ぎて、いくばくかの日にちが経ち、梅雨らしくなった七月のはじめ、きょうもまた、四時を回って、日が昇り、街の音量が急速に増えてゆくのを味わっている。気がつくと、「あめつちのうた」の歌詞を声に出して読んでいる。ついさっきまで、わずかな光の映える真暗闇だったのが、朝の色はこんなにも早く移ろってゆく。その不思議。一曲目の「空のうた」を声に出しているうちに、歌の世界では、昼が来て、日が暮れて、空の色が変わって、夜空に星がひとつ輝くに至る。二曲目の「樹のうた」に移れば、春の樹の息吹は一気に実りの秋へと向かい、冬の凍てついた、よく音の響く乾いた空気、それを貫く木を伐る斧の音が想起され、それから、暑い夏の風へと季節を回帰してゆく。その夏の予感が、窓の外のいまはまだ涼しい雨の世界にも張り詰めているように思われるのだから、歌の言葉が現実に繋がり、風景を変容させる力には、いつも驚かされる。「風のうた」に聞こえる樹々のはざまを駆け抜けるさざめき、「水のうた」に歌われる海の光、水面の輝き、やがて来るそのときに歌われる世界を、こうやって、朝、口ずさみながら夢想する時間がいとおしく、こんな日を何度繰り返したか、わからない。

待ち遠しさがはじまったのは、冬だった。十二月のはじめ、夕方に青山で待ちあわせて、わずかばかりのおしゃべりをしてから、銀座線で上野に向かう途中、轟々とする車内で、左隣に座る小林先生と、まるでバーカウンターで隣り合っているかのように、お互いに正面を見据えたまま、轟音の加減を探りながら、途切れ途切れ、ささやくようなマスク越しの声が聞こえるときを見計らって、近況というよりは、音楽について、ラヴェルについて、ボレロについて、レヴィ＝ストロースについて、遠い響きについて、いつか書く可能性を語らったあの長い時間が、つい昨日のことのように思い出される。辿り着いた東京文化会館では、ピアノのコンサートが行われ、小ホールの左後方で、「火の鳥」とブラームスのバラードを聞いたあと、休憩時間に、わたしは七年ぶりに木許さんに会い、そしてはじめて柳瀬さんにご挨拶をした。後半、大きな喪失の経験のあとに初めてラヴェルが仕上げた舞踏詩『ラ・ヴァルス』のピアノ一台による演奏を聞き、残響を心中に反芻しながら帰路につくと、すっかり夜は更けていて、山手線の車内で、小林先生と柳瀬さんは、絵画コンクールの話題から、子どもにとって、人にとっては、評価される、ということではなくて、肯定される経験が絶対的に必要である、というお話をされていた。そのときは、まだなにも起こっていなかったはずなのだが、そのときすでに、コンサートはたしかに仕組まれていたのだと、振り返ったいま、事後的に、はっきりわかる。そして、年が明けて、正月、紛失した小林先生の修士論文「存在の冒険――ボードレールについて」の原本の所在を比較の研究室に問い合わせて、複写の目処がたったちょうどその日、木許さんから、九月二十四日に紀尾井ホールでコンサートをする企画へ協力してくれないか、と、文字通り突然のメールが舞い込んできたのだった。二〇一三年の夏学期に、小林先生の学部後期課程の授業に参加していた院生二人がわたしと木許さんで、ミシェル・ドゥギーの『ピエタ・ボードレール』の原書を怒涛の勢いで読み切ったあの夏以来の再会が、このような形で実現するとは思ってもいなかった。詩人であるドゥギー自身がボードレールとの不連続のつながりを紡ぐこのエセーを読み解きながら、小林先生は、ポエジーとモデルニテの問題、美とともに悪が生まれることへの自覚、なによりも、ボードレールの詩の受け取り手でありながら発し手になる両義性を志向するドゥギーの思考に迫り、決して「恩寵（grâce）」にはなりえない次元での「わたし」と「おまえ」の関わり、本当のピチエな魂にわたしの本当のピチエが応えるのでなければ軽蔑になるだろう、という極限を語っていた。四月にその授業がはじまった早い段階で、地上に棲まいながら異邦人である詩人の倫理を問いかけると同時に、故郷を失って、すべてを失って、難民となった人々のことが想われていると、先生は言っていた。一九七五年十二月二十四日に提出された、ボードレールと同じ冒険に身を委ねるアティテュードに貫かれた彼の手書きの修論の最後に書かれていたのは、ボードレールの詩における《愛（charité）》の問題だった。

❦

とまれ、木許さんと会って、ことの経緯をはじめて聞いたのは一月二十二日の金曜日の夕方で、そのとき、プログラムはまるでなにも決まっていなかった。だから、わたしたちは、渋谷の名曲喫茶ライオンのプログラムノートには曲目にとどまらず詩が載っている話をしたり、クラシック・コンサートの新しさをいま出せるとしたら、それはどんな風に可能になるのか、といったアイディアを楽しく交換した。それから、一カ月くらいのあいだに、水面下では、烈しくいろいろなことが動いていたようだが、わたしはそんなことはつゆしらず、ときおり九月のコンサートを夢想しながら、日々を過ごしていた。それで、二月の終わりに木許さんから再び連絡があり、三月一日に青山で小林先生と柳瀬さんと齊藤さんと打ち合わせをするというので、駒場からのこのこ出かけていったときも、わたしはまだよくわかっていなかった、プログラムがその日まで決まっていなかったことに。打ち合わせは四時からで、その直前に決まったというプログラム、バッハの「シャコンヌ」、上田真樹の「あめつちのうた」、アンドリュー・ロイド・ウェバー「ピエ・イエズ」、ドヴォルザークの交響曲第六番についての説明を聞いたあと、なんともいえない雰囲気のなか、確かめられたのは、「いま、夜が明ける！」、このコンセプトに向かって、九月二十四日のそのときに集まる人々と、祈りの場を共に創るのだという方向性だった。具体的な事柄としては、ホワイトハンドコーラスの子どもたちの出入りの時間、リハーサルの場所、編曲の手続き、田中彩子さんの曲を増やすことなどが話し合われた。わたしはチケットの申し込みの整理を手伝うことになる。なにも知らないまま連れてこられた齊藤さんは、一週間後までにフライヤーのデザインをプログラム入りで完成させることになった。三月二十九日のエルシステマの世界子ども音楽祭2021でチラシを配るためには、三月十八日の昼までにデータ入稿が必要である。ややタイトであるとは思ったが、三月三日にはすぐにデザイン案が複数送られ、闇の底から光が射し込んでくるデザインが決まったから、三月十一日に細かい表記について柳瀬さんと話したときには、なんとかなるような気がしていた。それが、三月十五日の夜、柳瀬さんから電話がしたい、とショートメッセージが届く。そのとき、わたしは仕事の都合で映画館にいた。所用で中座して、一瞬、携帯の電源を入れたときにメッセージに気づいた。早送りできない映画のつづきを見終わって、外に出、閑散とした街角で彼女に電話をかけると、プログラムが変更されることになり、その新しいプログラムがまだ決まっていないと告げられる。寝耳に水だった。ドヴォルザークなら六番より九番がいいのではないか、という話が、実は三月一日の夜からあり、小品中心の別案を求める動きがあって、それにはどうやら、集客戦略や経理的な問題も絡んでいるらしい。とりわけ、オーケストラ曲の場合は、曲が変わるだけで編成が変わり、楽団員の数だけでなく、リハーサルの時間も変わる。曲そのもののレンタル料の問題もある。そして告知をはじめる以上、プログラムは決定版を載せる必要がある。切実な状況が透けて見えた。しかし、はっきりと見てとれたのは、このコンサートが次の指揮につながることを柳瀬さんが見通して動いていることだった。それで、もう遅い時間だったが、家に帰ってから、木許さんに連絡をして、事情を聞いた。双方が気遣いから呑み込んでいる思いがあって、行き違いが生じていることがわかった。すぐに翌十六日の夜に菅沼さんも交えて四人でZoom会議をすることが決まる。そこからは急転直下だった。十六日の明朝三時前、木許さんからデュパルクの「星たちへ」からはじまりメンデルスゾーンの「イタリア」で終わるプログラムが届いたのである。決まった、と思った。「星たちへ」の繊細な夜の旋律は、夜明けの予感にこの上なくふさわしい。朝にアイディアとしては何度も話に出ながら入ることはなかったヴィラ＝ロボスの名前も今度はある。

は、柳瀬さんから好意的な反応があり、直後、小林先生からも、メンデルスゾーンの「イタリア」は、コンセプトの「いま、夜が明ける！」にぴったり、という返事が、ねぎらいの言葉と共に届く。果たして、プログラム再考のために予定されていたその晩の会議は、曲目の表記の微調整と編曲依頼の進行を確認する場に変わり、翌日、齊藤さんがフライヤーを仕上げ、新しいプログラムは無事に期日内にデータ入稿され、わたしは三月二十九日、池袋の東京芸術劇場で、印刷されたコンサートのフライヤーを手に取ったのである。若い人と聞いた、木許さん指揮する相馬子どもオーケストラのベートーヴェンの五番は、小さな音がしっかりと聞こえ、遅れて遠くからやってくる響きの組み立てが美しく、ステージ上の離れた一人一人との信頼関係が伝わってくる、キャッチボールのような躍動感のある演奏だった。よかった、と思った。

そのあとも、いくつもの出来事があった。四月十二日には『午前四時のブルー』第四号と連動する企画が動きはじめる。時間がかかったが、齊藤さんのおかげで、五月十六日にはウェブサイトを立ち上げることができた。裏舞台をつづるリレーエッセーのコーナーも生まれた。チケットのデザインも新しく作られた。じりじりとしたやるせない状況がつづいていたが、六月八日、ひさしぶりに青山に集まり、広報をはじめ、今後の方針を打ち合わせた。もちろん、まだ決まっていないことはたくさんある。COVID-19の感染状況はどうなっているか。座席の割り当てはどうなるのか。相馬から子どもは来られるのか。六月二十日の夜には、菅沼さんや菊川さんを交えて、編成やエキストラや合唱メンバーの配置をめぐる細かい打ち合わせがあった。八月の半ばまでにはある程度の状況は読めるようにはなるだろう。とはいえ、未知数が多すぎる。不安がないと言ったら嘘になる。それでも、プログラムが決まったのだから、あとはそれを現実のものにする、そのために動いてゆく、実にシンプルだと思う。そうして、改めて、三月の半ばの、まだ肌寒いあの頃、いくつもの駆け引きのなかで、ただひとつの、唯一のプログラムが闘争の末に選び取られていったプロセスを思い返し、その熾烈さに打ち震えているのである。それでいて、「イタリア」という曲目は、指揮者が考えつづけた末に急に飛び出してきた、みずからの外部の思考であって、未知との遭遇から生まれた清新な世界であった、というのだから、プログラムとは、かくも計算不可能なものであると言わざるをえない。

❦

かくして、わたしは、舞台袖から裏舞台を覗き込む心地を味わいながら、あまりにも長い前奏曲のような日々の連続に身を浸し、音楽を待っている。それは、決して誰も聞いたことがないプログラムであるにもかかわらず、そこには、決定されるまでのプロセスで浮上した数多の他の楽曲が抱え込まれているのはもちろんのこと、過去の響きと未来の音楽の予感が共に書き込まれており、その意味で、唯一無二なのである。かつて、ブランショは、ボードレールの詩句のひとつひとつが、過去の文学的な蓄積というオーケストラを背景に響く「歌」なのだと言っていた――その日、ただ一度きりの響きの訪れる瞬間を、いま、そのように待機している。

新しい物語の始まり――その声、その光

齊藤颯人

かじかんだ指先がその肌に触れるたび、
残された無数の痕跡に戸惑い、
抑圧された感情を悟られる。

君という名の
冷えきった大地で思案するのは、
この場所の歩き方をまだ知らないからだ。

立ち止まると聞こえる声、
きみの直感はどう反応する？

手さぐりであっても
おそれてはならない。

いま、
固く閉ざされた未開の地に日がのぼる。

地平線から差し込む灼熱、

君は悦びに打ち震える。
その肌を赤らめながら、
球体になったそれが流れ出す。
触れるたびにかたちを変え、
君は強くなる。
始まりの時が来る。
あらゆる可能性に満ちたこの地で、
新しい悦びが生まれる。

ぼく自身の物語において始めに見た光は、クラシックバレエを学んでいた頃に、舞台でこの身体を照らしていた灼熱のスポットライトです。

最も印象深いある作品の中でぼくは、ワーグナーのタンホイザー序曲にのって、大海原の波となって、夢の王国へ旅立つ少女たちのちいさな舟を送り出しました。

あのころ波のひとつだったぼくは、いま冷たい大地の上をひとり（いやしかし一人ではない！）歩いています。

このなにものも寄せつけないようにも思える強靭な金属の大地も、実は一つの舞台であり、ぼくの身体に呼応するように物語を生み出すということに気がついたのは、かつては感じていた身体への意識を呼び起こす出会いがあったからです。

小林康夫先生が青山学院大学の大学院特任教授としていらっしゃったのは、ぼくが大学院に進学してからすぐのことでした。ある時、先生の授業を受けていた学生の一人が、フラ・アンジェリコの《受胎告知》の複製画についての詩を発表したことがありました。やがてその詩が発端となって、別の学生によって短編映画が制作され、さらにその上映会が学内の講堂で行われることになりました。この上映会のオープニングとして、スクリーンに投影された《受胎告知》の前で踊る先生を見た時の衝撃は忘れられません。

まるで、身体の内から溢れ出る流れに身をまかせ、新たな空間を展開していくような……なんて自由な表現だろう……クラシックバレエに親しんできた自分の常識を破壊する出来事が、まさか大学の講堂で訪れるとは！

その舞いに感化され、いてもたってもいられなくなったぼくは、真夜中の隅田川沿いで自由に踊るのでした。久しく忘れていた悦びを取り戻した瞬間です。

それからもっと後になって、小林先生の青山学院大学での最終講義「The Last Celebration in Aoyama」が行われました。その最後のプログラムで、先生の踊りが驚きの空間を立ち上げるのを目の当たりにしました。それまでは観者として参加していた人々が席を立ち、皆が一体となって舞い始めたのです。衝撃ふたたび。

とにかく、あの衝撃がぼくの中に光を呼び起こし、金属を焼きなまし、打ちつけるこの現場にまで、身体への意識から生まれる特別な物語を啓示したのです。

言葉足らずで、いつまでも抑圧されたものを解放しきれないぼくに先生は「思春期だなあ」と言います。おそらく、もうしばらく思春期を脱することができそうにありません。だからこそ、先生が事あるごとに問いかけてくださる「きみの直感はどう反応する？」という言葉は、新たな大地で一歩を踏み出すための強い力となっています。

そうです。先生に伝えなければならないことがあります。

ぼく自身の物語が新たな展開を迎えるきっかけ、「それを身につける人の誓いが成し遂げられた時に燃やす指輪」を先生に受け取っていただいた時、おかしなことですがそこには、つくり手であるぼくの誓いまでもが込められてしまったかもしれません。あの指輪は、誓いを果たして燃える「その光」へ向かう物語そのものです。そしてそれは、ぼくにとって大切な、新しい物語の第一章でもあるのです。

You are here

オノセイゲン（小野誠彦）×小林康夫

小林　セイゲンさんとも不思議なご縁ですよね。もともとは東京大学大学院・表象文化論のわたしの学生であったフランス人のケイコ・クルディさんを通して知り合いましたね。

オノ　ケイコさんとは今でも家族ぐるみの本当に長いお付き合いです。サンパウロのオンジーナと僕のスイス、モントルー・ジャズフェスティバルのステージでカイペリーニャを作ってもらいました。

小林　もう四半世紀前？のことですね。その後、ケイコさんもフランスに帰り、ずいぶん空白はあったのですが、数年前だったかな、彼女が、自分のお母さんも連れて来日した折りに再会の縁を得て、それからときどき青山あたりでほかの人もいっしょに楽しく会食したりしています。でも、わたしはセイゲンさんのこと、じつはあまりよくわかっていないんですね。それで今回、雑誌『午前四時のブルー』の最終号ということで、九月に行われるコンサートを編集のひとつの核と定めたこの春に、たまたま国立劇場の日本舞踊の会でセイゲンさんにお会いして、そうだ、この機会にセイゲンさんの音の世界の話をうかがおうと思ったのでした。
　この号には千種さつきさんが清水靖晃さんを招いた茶会のことを書いてくれることになっていて、セイゲンさんは昔から清水さんともいっしょに仕事をしていたとうかがっていたので、なにか呼び合うものがあるなあ、みたいな……。

オノ　靖晃さんの奥さんのリサさんが亡くなられたのですよね……。

小林　ご存じでしたか？

オノ　フェイスブックで見つけて、すぐにメッセージだけしました。リサさんとも八三年からなのかな。悲しいですねえ。まさか五年前に三崎で矢野くん、ヤシンタたちと過ごしたのが最後になるとは。やっ

小林　ちゃんは誕生日が僕と同じ八月九日で四つ上。
じつは、昨日、セイゲンさんのご招待を受けて、Kadokawaの本社で、セイゲンさんがリマスタリングをなさった、一九五八年のニューポート・ジャズ・フェスティバルの映画『真夏の夜のジャズ』（バート・スターン監督）の特別試写会に行ったのでしたが、出かける前の昼に、清水さんから電話があったんです。わたし、リサさんのお葬儀にも行けなかったし……と遅れてしまったけれど、お弔いの白い薔薇をお送りしてあったんです。電話はそのお礼で、かれが電話の向こうで「ありがとう」と悲しそうな声でおっしゃるので、こちらも胸が詰まって……その思いを抱えたまま、『真夏の夜のジャズ』を観に行ったのでした。

オノ　僕は「やっちゃん」（清水靖晃）とはめちゃくちゃ長いんですよね。七九年、まだ音響ハウス（スタジオ）時代からですかね。

小林　どういう関係なのか教えてくれますか？

オノ　やっちゃんがマライアというバンドもやっていてね、その当時は渡辺香津美さんのバンドとか、YMOがあるとすると、さらに実験的な音楽をやっていたひとたちがいて、それが清水靖晃さんでした。そのつながりのアーティストたちのエクスペリメンタルな録音現場はほとんど僕がエンジニアリングをやっていたんです。

小林　そうなの？　エンジニアリングやってたの⁉

オノ　坂本龍一さんの《戦場のメリークリスマス》のサントラも僕が録音エンジニアですけど、一九八〇年から八五年あたりは、やっちゃん周りでは僕が一番若いフリーランスのエンジニアで、二十二歳でした。

小林　ある意味じゃあチームを組んでいたんだ。

オノ　その後、僕はニューヨークや海外に通うことになりチーム消滅（笑）ですが、その当時、アーティストが二十代後半だとすると、僕よりも四つ五つ上ですよね。そうすると、レコード会社のスタジオで録音するとき、チーフエンジニアとか録音課の課長クラスは仮に四十歳とすると、伝統的なクラシックか歌謡曲のセッティングなんですね。一流のプロですからセオリー通りに録音するんです。美空ひばりのオーケストラはこんなセッティングでと、そういう伝統的な録音の仕方も教えてくれました。若者でもフリーランスはゲストエンジニアの扱いだったので。

　でも、ちょっと年下で、「オノ君なにかちょっと変な音できない？」とか言われて、僕は録音エンジニアといっても、キャリアも自分のこだわりの音も何もないですから、「こういうのはどうです？」と無責任におもしろい提案をしてきました。

　たとえば、マイクは楽器に向けるのが普通のセオリーですよね。それで、変な音にするために反対に向けてみるんです。そうすると「これいいね」となります。それが、ミュージシャン自身が出したかった音であるとしたら、それは間違いなく「それでいいじゃない」となります。変な音に録れているとかじゃなくて、著作者とか演奏家が求めていた音、普通のマイクセッティングでは聞いたことのない音が具現化されたとき、そのイメージ通りの音がスピーカーから出てきたら、それがアーティストが望む音なんです。録音エンジニアの僕の音でもない。普通じゃない音を見つけ出すのが得意になっていったんですかねぇ。

　時代はちょうど、ニューウェーブ、アヴァンギャルドとかヒップホップとかいろいろ出てきまして、サンプリングとコンピューターとミュージック・コンクレートというか、テープ・コラージュみたいなのが全部一緒くたになって入ってきて、ライブ演奏を録音するだけではなくて音を積み重ねていく、そういうのが僕は得意だったんです。

小林　僕は坂本さんとも何回か接点があるんだけど、坂本さんは、まあ簡単に言えば、作曲家として行くわけじゃないですか。それで清水さんはやっぱりサキソフォンの人なわけで、オノセイゲンさんの場合は、「俺の音はこうだ」というのではなくて、初めからエンジニアっていうところから始まっているの？

オノ　そうですね、観察していい音色に気づいて、そのままを録音するところからと言いますか。ブラジルのアーティスト、カエターノ・ヴェローゾが僕のスタイルを「モンタージ録音」と言いました。僕自身も音楽をやっていますけど、演奏家としてはアマチュア。プロの人たちと一緒にスタジオ演奏できるレベルじゃないというのが頭からありますから。

小林 それじゃあ、セイゲンさんみたいな人は、どういうふうにこの音響エンジニアという仕事に目覚めていくのかしら？

オノ それはですね、二十歳から二年間だけですが「音響ハウス」というスタジオでアシスタントをやっていたのです。主に映写係と野球しか覚えてないですが。エンジニアになろうというよりピットインとかやっちゃんのライブとか面白い現場に通ってた。ステージ周りの楽器のセッティングからバーの手伝いでもなんでも朝までやりましたよ。なんでも面白がってやる元気よくて超便利な若者。それで一番多く頼まれた仕事がエンジニアリングだったんです。マイクやミキサー、レコーダーなど機械の基本は音響ハウスで覚えました。例えば日本コロムビアとかソニースタジオには、経験者じゃないと入れないのですけど、履歴書が社長のところまで回って大丈夫だということになり結果的に僕が日本コロムビアのスタジオに入った最初のフリーランスだったのです。レコード会社の録音課のエンジニアでなくても、アーティストの指名ならフリーランスとして僕も他のミュージシャンと同じようにスタジオに入って、伝統的なスタジオ出身だったのでコンソールとスタジオを夕方から朝まで自由に使わせてもらえたんです。ニューウェーブ全盛期だからミュージシャンは定番ではないセッティングをしたいわけです。定番のセッティングでは普通の音になりますから、そうではないもっと新しい音作りをしたいということで。今までレコードで聞いたことがないような音は何なのだろう？と。ニューヨークではヒップホップ、それが東京だとテープ編集、スクラッチとか実験的な録音が僕だったんです。おそらく。今聞くとよくあんな面倒な手作業編集やったなぁと。

小林 それは、こういう言い方でいいかどうかわからないけど、ある種のノイズに注目したという感じなの？　それともノイズの耳をもっていたということなの？　それともノイズという感覚とは違うものなのかな、そうした変な、違う音を求めているときには何を求めているんですか？

オノ それはですね、たとえば清水さんがサックスでこういう音を出す、あるいは坂本さんならピアノでこういう音を出すとします。出ている音をどこで聞いた音が一番、望まれている音なのか、目の前で聞くクリアな音がいいのか、ノイズや反射音だらけの後ろがいいのか、もっと遠くの音がいいのか、それを提案することなんです。

録音というのは音をテープなどに固定することですが、音を固定するのに、楽器と空間の位置関係のどこの音を固定したいのか、まずそのコミュニケーションが取れていないとダメなんです。正面にマイクを置いて録るのが普通だとして、それはすごくクリアで綺麗なんだけど、何の特徴もない音です。それを例えば隣りの部屋にマイクを置いて録ったりすると（近いところだと明瞭度があるけど）ノイズや残響音に埋もれることが逆にいい場合があるんですよね。

イメージした音が欲しいときに、さらにギターアンプでひずませた音を重ねてみるのがいいとかね。そういう音のコラージュをしていくには、ひとつひとつのパーツに求められるひずみ具合とか、求めている通りの明瞭さ加減だったり、曖昧さ加減を素早く見極める必要があるんです。

コンサートホールのステージ上、アリーナ席、二階席と三階席とで座席によって音が違いますよね。どこにマイクセッティングすれば奥行きを含めてイメージを音色として固定できるか、そういうことなんです。

小林 うん、なるほど。僕は今日、ここのスタジオに来て、ここに座ってさっき音（対談前にスタジオの中心で聴いた13 chの音楽）を聴いていたんだけど、ここにね、（スタジオの中心にあるテーブルに貼られたステッカーを指して）「You are here」って書いてあるでしょう。

オノ あ、確かに（笑）

小林 これを見たときに、この対談のタイトルを「You are here」にしようと思ったんですね。

オノ いいですね（笑）

小林 これがどうしてここにあるのか僕はわかんないけど、ここにセイゲンさんの核心があると思ったわけ。今の話はさ、つまり「私が演奏する」ということではなくて、その音を「あなたたち聴いてね」と言うのでもなくて、聴いている人が「You are here ここにいる」ってことを言っているんだよね。オノセイゲンという人はこれなんじゃないかって直感的に思ったんだけど、どう?

小林 天才哲学者は違いますね(笑)。その通りです。

オノ それで、オノさんは(オノセイゲン作のCD『La movida』に記された「You are here」という曲名を指して)これなんじゃない?「You are here」、これ、あなたじゃないですか?

小林 そうですね。よく一致しましたね。録音とは常にバーチャルですから、「あなたたちどこで聴いて欲しいの?――ここです」みたいな。

オノ それで、これを見た瞬間にこの「you are here, what is happening with us?」というのがディスクCにあるんだけど、トラックナンバー3にも8にも、11にも出てくるんですよ! それで僕は、曲を聴きながらそれがここのスタジオのテーブルにもあるということに今気がついて、ここに何か秘密があると思ったわけです。それで今日はオノセイゲンっていう人の「You are here」についてとことん聞いてみたいと思ったわけです……。

小林 いろいろなものに導かれてきてそうした結論になっていますね。つまり、録音とは「You are here」ですね。小林先生にそう言われて気づきました。サンパウロの僕の古い友人、タデゥ・ジャングル、彼の視覚詩のインスタレーションが「You are here」で、これは英語版ですけれど、ポルトガル語版は「você está aqui」。

オノ これは、ここが真ん中の場所だってことですよね。

小林 目印のステッカーはスタジオのセンターです。そう言われると本当に深いですね。

オノ 深いなあと思って。そもそもこのCDは『La movida』というとても不思議なタイトルで、イタリア語だと「夜遊び」ってことになるのだけど、ディスクがA・B・Cとあって、ディスクCの中に「You are here」が繰り返して出てくるところに、ここにセイゲンさんの何かがあるなと思ったんだよね。

小林 無意識のうちにそういうのが入っていたということかもしれないけど……。その「You are here」、「あなたはここにいる」ということだけど、映画なんかもそうですね。

オノ 岡田暁生先生(京都大学人文科学研究所教授)がコロナ禍に興味深い本を出したんです。『音楽の危機――『第九』が歌えなくなった日』（中公新書）というタイトルです。音楽というのはもともとお金を払ってコンサートに行くものじゃなくて、とにかく生で、同一空間で、三密でこうやって一緒に体験しないと「音楽」ではない、と。今は、コロナ禍で生でできないからいろいろライブ・ストリーミングもやっていますけど、あれってやっぱり実際には一緒の空間には居ないんですよね。またそれを編集したのをオンデマンドにしたり。僕もライブ・ストリーミングとか、その最たるものであるライブ録音というのは、その場にはいないんですよ。時間軸も違うし、つまり映画『真夏の夜のジャズ』と同じことができてしまう。録音は、その音を記録して、もう生ではないものを編集を経てプレイバックしているわけです。岡田暁生先生は「録楽」と呼んでいるんです。録画された音楽というか、録音された音楽というかね。「録音された『録楽』は『生の音楽』とは根本的に別物」と。その通りだと思います。

　今日はいま、一緒の空間にいるわけですからこれは音楽なんですよね。これをテキスト編集しちゃうとまた違う文脈になるんだけど「録楽」、僕の日本語になってない喋りは、ライブで小林先生は理解してますが、そのままテープおこしでは誰にも伝わらない。レコードということになると、ずっと永遠に生きているように、映画のようなモンタージュ編集が必要とも言えるんですよね。

小林　そう、ずっと残ってるね。

オノ　「You are here」がずっと残っている。それで、映画とか録音で作っているものっていうのは生でできないから録音で作るわけで、極端にコラージュのほうにいっちゃうとゴダールとかそっちの方にいっちゃって、もう現実空間にありえないわけです。CGのような世界だったり、アニメもそうですね、現実空間にありえないものです。それで、僕がエンジニアリングしているのは一応、現実空間にあるものをコラージュしていくのですが、その最たるものが坂本龍一さんだったり清水靖晃さんで、壁に向かってサックスを吹いて、やっちゃんがこういう音だよと聴かせてくれるとすると、僕はカメラのアングルを決めるようにしてどこがいい音が聴けるか探しにいくわけです。

　よくミュージシャンがジャズクラブでも壁に向かってウォームアップしたりしますが、それは鏡のように自分の音だけが確認しやすいからです。そこで、「You are here」、どこで聴くのが一番綺麗な音色に聴こえるかが大事になってくるんです。

　綺麗な音色というのは、一番近くで聴くクリアな音じゃないんですよね。その反射音とか、その部屋の状況音、ノイズも入ったときの音色が綺麗なので、どこが綺麗かなって探してそれを固定するのが録音で、違う音や空間をコラージュするのがミキシングです。そういうのを瞬時に見つけて捉えるのが僕は好きなんです。そこにいたわけですね。「You are here」でも録画も録音も全部バーチャルなんです。

小林　そういう意味では「You are here」というのは実は、「You are not here」なんだよね。そこにないからこそまさにそれをつくり出すというか、「You are here」はあらかじめ与えられているものじゃなくて、まさに音がそれをつくる、「You are here」ということをつくるわけだよね。そこから、まさにヒアリングができるわけですね。

（二〇二一年七月十四日、「サイデラ・マスタリング」スタジオにて）

清水靖晃の音が茶会に来たら……

千種さつき

滴り落ちる音の宇宙

　ある日ブルガリアから一人の哲学者が茶室に来た。濃茶をお出しした後、その人、ボヤン・マンチェフさんに尋ねた。「頭を休めるとき何をなさっていらっしゃいますか?」「そうですね、音楽を聴いています。最近は日本人のヤスアキ・シミズという人の音楽を聴きますね。彼、若いアーティストでしょう?」

　わたしは内心驚いた。友人の清水靖晃であるなら、わたしと同世代だ。同じ名前の、若いヤスアキ・シミズがブルガリアで流行しているなんて……。

　今度はボヤンさんから「ところであなたはどんな曲を聴きますか?」と聞かれたわたしは、「《バッハの無伴奏チェロ組曲》。もちろんチェロで演奏されたものも聴きますが、清水靖晃という人のサクソフォンで演奏されたものも大好きです」

　ボヤンさんがお帰りになられてすぐ、わたしは清水さんに電話をした。若いヤスアキ・シミズのことを聞いてみようと。

「『案山子』は一九八二年に作ったアルバムだけど、最近海外でリマスタリング盤が出て、ユーチューブでも二百万回も聴かれてるそうだね。その時、ぼくは若かった」

　清水靖晃は一九五四年生まれのサクソフォン奏者、作曲家である。一九七八年より、実験的バンド「マライア」や「サキソフォネッツ」プロジェクトをはじめ、すでに四十枚以上のアルバムを出している。特にバッハの《無伴奏チェロ組曲》を〈バッハ／サクソフォン／スペース〉という独自のコンセプトのもと、テナーサクソフォンのために編曲そして演奏するという誰も思いつかなかった偉業を達成。手がけた映画音楽も多く、アカデミー賞にノミネートされたものもある。ふとつけたテレビから「あれっ、清水さんだ！」と彼の曲が流れていることもままある。

しかし、わたしにとっての清水さんは元隣人であり、お正月の家族であり、お茶パフォーマンスに駆けつけてくれる音楽家である。

清水さんとのお付き合いはパリに住む画家黒田アキの一言から始まった。「君のうちの近くに清水靖晃というサックスのすごい人がいますよ。美人のイタリア人の奥さんと一緒に住んでいるから、一度訪ねてみたら」。ちょうどうちに遊びにみえていた釜師の大西清右衛門さんと二人で、玄関の呼び鈴をピンポーンと押して出ていらしたのが清水靖晃さん。初めてお目にかかった清水さんは、普通の人とはどこか違っている。言葉の最後に必ずと言っていいほど、「〜」と余韻が残るのだ。「間」と言おうか。なんとも言えない不思議な音無き音が空中に残る話し方、わたしはすっかりそのおしゃべりに魅了されてしまった。息が楽器を通して出たあとの残響も耳に心地よいが、言葉が気道を通って口を抜けたあとの「〜」にも人を引き込む魔力がある。

しばらくして、わたしは軽井沢のセゾン現代美術館から夏の終わりに館内でお茶会をしませんかというお誘いを受けた。二〇一〇年夏の展覧会のテーマは、「遭遇、カオスにて——伝統・現代・日本・西洋」。「いつの過去もかつては未来だった」という副題が示すように、美術館の誇る現代アート作品だけではなく、大黒天立像や鉄仏餉鉢などの古美術品も混在した展示の予定と聞く。初めての大きな美術館での茶会である。小さな茶室に宿るわびやさびを脱ぎ捨てて、果たして新しい何かが生まれるのだろうか？

美術館はマン・レイのオブジェを八個並べるということなので、十六代続く釜師の大西清右衛門さんにお願いして十七世紀からの鉄の釜を用の釜としてではなく、オブジェとして配置することにした。

墨絵のようなリ・ウーファンの《With Winds》という大作を茶室の軸に見立て、マン・レイ作品と釜との二列のオブジェの間に、高い天井から鉄の鎖で釜を吊ってお茶を点てることにした。マーク・ロスコの《No.7》の前ではそのロスコの絵と同じ色形のお菓子をお出しすることにしたが、ふと何か大きな忘れ物をしたような気になった。遭遇とカオスの茶会に静寂は似合わない。何かしらの「音」が必要ではないかしらと。

セゾンの美術館にはジャン・ティンゲリーの大きな作品がある。捨てられた車輪、放置されたドラム、錆びたフライパン、壊れた鳥の置物などの廃材を組み合わせ、モーターで動かしながら、それぞれがぶつかって音をたてる彫刻である。その一つ一つが日頃目にしている物の最後の姿であり、かつて生活の身近で聞こえてきた音であるが、こうも雑多に音が重なり合うと、不愉快な雑音というよりは思いがけないユーモアが漂ってくる。一九八四年、セゾン現代美術館の前身である高輪美術館からティンゲリーに依頼された《地獄の首都　No.1》は、当時の最先端を行くアート作品であったが、それも今は「過去」である。この「過去」もかつては未来だった、という言葉に呼応してくれる現代の音が加わったらどんなにステキだろうとわたしは密かに思った。東京から田舎に移され、開館中は毎日一時間ごとに十五分しか命を与えられない《地獄の首都　No.1》も、たまには今という時を暴れてみたくはないだろうか。

そうだ、清水さんだ！

大変慎重に演奏する場を選んでいるという清水さんに失礼を承知でお聞きしてみた。「ティンゲリーとサクソフォンとの世界初演、お願いできませんか？」

「その遭遇なら、ぼくに任せて～」と、明るい声がわたしの鼓膜と胸を震わせた。

清水靖晃のバッハ《無伴奏チェロ組曲》をテナーサクソフォンで演奏したアルバム『チェロ・スウィーツ』では、残響効果の異なる六カ所、例えば大谷石地下採掘場跡や、釜石鉱山花崗岩地下空洞のような普通の音楽スタジオを避けた特殊な場所で録音されている。サクソフォンの音の振動が演奏場所の石や岩にぶつかって共振したり、こだまのように帰って来た音にまた音を重ねて新しい響きを作ったり、まるで洞窟で暮らしていた我々の祖先が感じたかもしれない感覚をやすやすと偉大な宮廷音楽家のバッハにつなげてしまうという大胆さ、自由さ！……。清水靖晃が、ティンゲリーの作品にどう共鳴していくのか、お茶という場の中でどういう効果をもたらすのか、わたしは自分の役割を忘れそうになるくらい興奮していた。

この茶会では二十人ほどのお客様が二階にあるティンゲリーの作品前から一階のメイン展示場で行われる茶の会場まで、館長の絵画の説明を聞きながら下りてくる。ティンゲリーの作品はすでに廃品をぶつけながら「ガチャン・ギー・ポシャン・ドン」と音をたてている。お客様がフランク・ステラの《カトー・マノール》の前に着くと、故堤清二さんこと辻井喬の詩の朗読が始まった。「正方形！」という第一声と同時に、遠くで汽笛のような音が聞こえた。

ポ〜

清水靖晃のサクソフォンは誰に聴かせるわけでもなく、ティンゲリーの作品から偶発的に起こる廃品の衝突音、詩の朗読、会場のささやき声など全ての音を飲み込みながら、膨れ上がっていく。サクソフォンの音はティンゲリーの音に向かうのでもなければ反発するのでもなく、一切の作為から距離を置いて、清水靖晃の宇宙が広がっていった。その場にいた人々の目は絵画やオブジェを見ていても、耳は次第にその不思議な響きに占領されていく。

お茶を点て始めたわたしにも音は上から滴り落ちてくる。どの音がティンゲリーか、サクソフォンか、人々のざわめきか、そんな区別はもう意味を持たなくなった。天井から鉄の鎖で吊られた大西家九代浄元の車軸釜がかすかに回転をしている。音に反応してかすかに踊り始めた釜から水を掬おうとしているわたしも知らぬ間に身体が膨張して共振し始める。

ダンス、ダンス。

わたしの点てたお茶を宇佐美圭司さんに渡すと、すぐに大西清右衛門さんがお茶を点ててステップを踏みながら中西夏之さんに運ぶ。二〇一〇年晩夏、そこにいた人みんなが清水靖晃の音の宇宙の中でお茶を飲む楽しみに浸っていく。テナーサクソフォンという楽器とティンゲリーの廃棄物の生み出す音が十七世紀から続くお茶の伝統をかき回し、俗を軽々と超えてアートとしてのカオスを作り出し、それが今、快感をもたらしているのだ。

過去に誘う音の魔術

野原の風に匂いがあるように、音にも匂いがある。それを感じたのは四畳半の茶室で濃茶を練っている時だった。

サクソフォン奏者の清水さんをお正客に招いて小さなお茶会をしたいと伝えた時、「僕のためのお茶会なら、僕も何か持っていくね」と当日彼が持ってきたのは、マルチスピーカーとその日の茶会のための一時間の曲。

アシスタントが茶道口の脇にスピーカーを設置して、茶会は始まった。清水さんを先頭に夫人のリサさん、あと二人のお客が躙口(にじりぐち)から茶室に入る。全員が落ち着いた気配を感じて茶室に入り点前座に座ると、密着した人々が作る静寂がわたしを取り囲んだ。抹茶をたっぷり入れて、濃茶を練っていくと少しずつ茶筅が重くなり、緑が輝き出し香りが立ってくる。そこへ、サクソフォンのはじめの一音が遠くから聴こえた。一つ鳴っては消え、茶が点つころにまた一つ、それから間遠に二つ三つ、そして静かな浜辺に波が何度も寄せては返す「ザザー」という音が響いてきた。遠くから聴こえるピアノの音、シューベルトの即興曲。今度は間延びしたイワシ売りの呼び声が聞こえてきた。「いわしぃ〜、いわしっ」……。自在に変化するサクソフォンの響きの隙間から、様々な匂いが漏れてくる。海辺の磯の香り、畑を渡る青々しい風の匂い、流れる雲から落ちてくる雨の匂い……湿り気のある温かい匂いのようなものが狭い茶室の中に充満する。

今まで小間の茶室で濃茶を点てるときの音といえば、釜の湯の滾る音、柄杓を竹の蓋置にコンと置く音、茶を点てるときのシャカシャカと茶筅を振る音、畳にすーっと着物の擦れる音。それにお客様の呼吸や鼓動が加わって茶ならではの独特の空気が生まれる。茶室は、清水さんによると「無音というより世界の気配をより感じられる、自分が少し膨らんだ空間のような気がする場」で、そこにいると「意識が研ぎ澄まされ、複雑な音の波形が優しくポジティブな意味になって、あたかも音楽のように意識の中を浮遊する」のだという。たとえば、湯の煮え立つ音も音楽……だと。

その日、茶室が醸す音に清水さんの曲が重なると、わたしは遥か遠い過去に戻って、そう七才くらいの少女になった。砂浜から海を眺めていたわたしは、波浪によって侵食された崖の急坂を登り、今はマリーゴールドの植えられている畑の道を歩いて家に向かう。ぽっかり浮かぶ雲、ひゅーっと低空を飛び去る鳥、まわりの畑に不似合いな西洋風の一軒家。その家の洋間に置かれた縦型ピアノ……ミステリアスな、時にはユーモラスなサクソフォンの響きに導かれて、わたしはゆっくりと過去という空間を歩いたり止まったりする。わたしの物語に清水さんの島田での幼年時代も重なって、古い地層の中から懐かしい風景が少しずつ掘り出されていく。音が匂いを伴ってやって来ると、わたしたちは自然に昔に帰ることが出来ることを、この時はじめて知った。
清水さんの言うように、自分が少し膨らんだ空間で、目にも耳にもそして鼻にまで、ふんわりと何かが近づいて来ると、自分が釜の前にどっしりと座っていることは難しい。点前をしていてもだんだんその気配が纏わりついてきて、身体を浮かせていく。

音のプレゼントはとびきり嬉しいものだ。でも物と違って音は一瞬にして過去となり、何処かに消え去る。絵のようにじっと見つめることも、文章のように何度も読み返すことも出来ないし、物質としての重さもない音をどうやって受け取ればいいのだろう。

その場限りの音は、贈られる方にも何かしらの力が必要となる。謙虚さはもちろんだが、何より勇気が必要なのかもしれない。勇気と言っても何かに立ち向かうのではなく、自分の心を全開にする勇気。もし自分を自由に開くことが出来れば、響き合う音の宇宙に漂う粒子となって自分をなくすことも可能だろう。そして音の贈り物を受け取ることが出来たなら、わたしも誰かに何かを差し出せる人となれるかもしれない。

❦

二〇二一年、梅雨空に少しの晴れ間が出た日、清水さんの最愛の人が去っていった。リサさんは清水さんに初めて会ったその日の輝くような初々しいほほ笑みを浮かべ、清水靖晃という人の全てを身体に仕舞いこんだまま……。彼の音の源であり、流れであり、海であり続け、そして自分の全てを差し出せた人。わたしはそういう美しい人をはじめて見たのだった。

撮影：ルシール・レイボーズ　© Lucille Reyboz

〈バッハ／サクソフォン／スペース〉について、ぼくが話せること

清水靖晃

虫の音・モールス信号——はじまりの音

一九五〇年代、私の生まれ育った田舎は、富士山に程近い田園地帯にありました。現在そこは住宅地になり、沢山の民家で犇めきあっていますが、当時は見渡す限り田んぼで、私の実家はその真ん中にポツンと建っていました。そこでは四季折々、壮大な音の世界が展開しました。夏、蛙たちの大合唱はすごかったですね〜。まるでノイズミュージックです。秋に繰り広げられる虫の音の大アンサンブルもまた、私を虜にしました。種々雑多の虫が、モールス信号のようなパターンを繰り返します。そのパターンが絡み合ってアンサンブルを形成する。これが心に響くのです。そしてこのサイン波(虫の音)、ノコギリ波、パルス波など、私は虫たちが宇宙に向けてメッセージを発信しているのを空想しました。

音。たかが音ですが、されど音。この頃からずっと「音」に惹かれ続けています。私を取り巻く全ての「音」です。空気が振動して、波になって私に伝わる音。それは絶妙のタイミングで私に意味を投げかけてきます。目を瞑って集中すると、音たちは私の意識の中でぶつかり合い、乱反射して変容を繰り返します。近い音から遠い音の距離を想像したり、泡のように湧いてくる音を聴きながら時間の概念を夢想したり。こんな具合に音に耽っていました。

ある日、漁船の無線士をしていた隣人の方が遠洋での仕事を終え休暇で帰っておられた時の話です。彼の庭にそびえ立つ巨大なアンテナを指差し、私は「これ何？」と聞きました。無線士はにっこり微笑み、私を彼の仕事部屋へと案内してくれました。そこは真っ暗で、映画で見た潜水艦のコクピット

のようでした。そしておもむろに彼は卓上の金属スイッチを指で連打しました。

ツートトトン、トトン、ツー。

心地よいリズムでした。私は虫の音を連想しました。彼は長い間リズムを打ち続けました。すると光る窓や摘(つま)みが沢山ついている金属の直方体の箱から同じリズムが鳴りだしました。ツートトトン、トトン、ツー。それに答えるように彼もリズムを紡ぎました。このやり取りはしばらく続きましたが彼は時々振り返り、私に微笑みました。「今、メキシコと交信してたんだ」その後彼は言いました。私はただ「へ〜〜」っと……。田んぼの真ん中の暗い小さな部屋から発生したリズムが電波という波になってメキシコに伝わるという事が驚きでした。

この体験により、私は「空間と音の関係」に強い関心を抱くようになったのです。そしてトランジスター発振器等を制作し、波の伝わり方のしくみを学んだり、壁自体を振動させるスピーカーを制作し、様々な音を鳴らして疑似空間を楽しんでいました。

一方、私は音楽の魅力にも取り憑かれていましたので、様々な音楽を聴き、色々な楽器奏法を学びました。しかしこの時点では音楽と空間の関係に意識は向いていませんでした。音楽の形式や、郷愁に気を取られていて……。

しかし、変化は訪れました。バッハ《無伴奏チェロ組曲》の録音を行った、一九九〇年代中頃です。

バッハ《無伴奏チェロ組曲》——サクソフォンで吹いてみると

一九九〇年代中頃まで、私は音楽スタジオでアルバムの構想を悶々と練っていました。新曲の作曲、また、他の作曲家の作品のインタープリテーションに取り組んだりと試行錯誤の日々が続きました。良いアイデアはなかなか出てきませんでしたが、一つだけ決めていた事がありました。それは、リズム、メロディ、ハーモニーという、音楽の三要素を基とする楽器編成で構成された作品ではなく、サクソフォンソロの作品にしようという事でした。要は、アンサンブルからなる集合体でのイントネーションではなく、一つの楽器だけで多様なイントネーションを表現することに集中しようと考えたのです。

ある日の朝、私は書棚に並んでいる楽譜の中から無作為に一冊の楽譜を引き出しました。ヨハン・ゼバスティアン・バッハの《無伴奏チェロ組曲》でした。ページを開け、軽い気持ちで組曲一番のプレリュードをテナーサクソフォンで演奏してみました。すると、何かが体の底からジーンと湧いてくるのを感じました。曲の旋律に惹かれるということではなく、また別の何かでした。次に私は、これまた何気なく、モニターヘッドフォンから聞こえる私のサクソフォンの音にリバーブマシンを通してみたのです。その音を聞いたとたんに〈バッハ／サクソフォン／スペース〉それぞれの関係が結びつき、その三角関係に魅了されたのです。

その関係を私なりに説明します。最初に、サクソフォンとスペースの関係です。私はこの作品の録音場所を求め、様々な場所に赴きました。そこで演奏して感触を確かめたかったからです。ある日、一つの候補場所である栃木県の大谷石地下採掘場跡へ下見に出かけました。噂には聞いていましたが実際中に入って驚きました。そこはまるで地下神殿のような巨大空間なのです。壁はどこまでも幾何学状に広がり、鋭角に連なる光と影がピラミッドの内部を想起させます。さすがに松明ではありませんでしたが、裸電球で照らされた空間は正に神秘的。天井まで二十メートル以上はあるでしょうか、かなり高い。ですが、天井は真っ暗ですのでここが閉ざされた空間である事を感じません。

私は持参したテナーサクソフォンに息を吹き込んでみました。「音」を鳴らしたその時「私」はその振動に共振しました。身体が消えたような感覚でした。「音」に同化した「私」は縦楕円形になり、膨張し、波となり、そして体自体が空間化したのです。ゾッとするような体験でした。

楽器には撥弦楽器、擦弦楽器、打弦楽器と音の出し方は多様ですが、管に空気を送り込んで音を出す気鳴楽器、その中でもサクソフォンが生み出す固有振動は、特に空間を共振させるのではないかと思います。その後もサクソフォンをスイングさせ「音」を放り投げたり、イントネーションを変化させて特定の倍音を強調してみたり、二十秒以上ある残響でハーモニーを作ったり、様々な事を試みま

場所：大谷石地下採掘場跡（栃木県，宇都宮市）
撮影：リサ・スキアヴォン

した。

　私はこの時、この空間自体が楽器である事を認識したのです。しかしこのような体験をした人間は、もちろん私だけではないはずです。古代人も暗い洞窟の中で楽器を振動させ、洞窟そのものを共振させて何かを感じていたのではないかと考えています。

　時を経て時代は中世になり、音と空間の関係は教会の建築に顕れます。音は音楽になり神に語りかけるための言葉としての地位を授かりました。言葉としての音楽は発展し、多声部音楽が発生します。その後、音楽語法を集大成としてまとめあげたのがバッハです。対位法やフーガ等の技法が業績として語られる事が多いバッハですが、教会音楽家である彼にとって、最も大事にしたことはいかに空間を響かせることができるか――つまり、バッハとスペースの関係が一番重要だと思います。古代人が共鳴、共振を感じ、それがとうとうバッハの崇高な響きに繋がる。ゆらゆらと三千年ほどの時間を経て……。

　さて、バッハを持ち上げておいて急に落とします。バッハとサクソフォンの関係です。ここでは特にテナーサクソフォンの関係とさせていただきます。

　冒頭でお話し致しましたが、私は「音」自体に惹かれていました。しかし、同時に音楽も愛していました。一つの音楽ジャンルではなくあらゆるジャンルやスタイルの音楽です。私は貪るように様々な音楽を聴き、研究しました。それぞれの音楽がどのような構造を成しているのか、その社会との関係にも興味が湧きました。幸い日本では、あらゆるジャンルの音楽がレコードやテープで入手可能でしたし、多種多様なジャンルの演奏家がいましたから、その方々との交流を深める事で、音楽の構造や演奏のコツ、そして秘密等を手に入れる事が出来ました。クラシック、ジャズ、ロック、フレンチシャンソン、フラメンコ、インド音楽、ガムラン、アフリカ音楽など……枚挙にいとまがありません。

　模倣への欲望。これは日本独特の文化だと思っています。日本で生まれ育った私も、これには人一倍強い欲望がありました。私はバッハ《無伴奏チェロ組曲》のインタープリテーションをやろうと企て、それを想像してワクワクしました。このような独特な文化で培った私の感性で、躊躇なくバッハの作品を演奏する事に心が躍ったのです。崇高さに対するカウンター文化のような……。テナーサクソフォンという新しい楽器は、崇高と低俗の間をもの凄いスピードで反復するのです。

ロードレコーディング――響きをもとめて

ご存知のようにバッハの楽曲の大半は多声音楽です。しかし稀にフルートやヴァイオリン、そしてチェロのための無伴奏曲、いわゆる単旋律作品も彼は書いています。この《無伴奏チェロ組曲》を筒状の楽器、サクソフォンで大谷石地下採掘場跡のような巨大空間を共振させる事を想像してゾクッとしました。サクソフォンの筒から放たれる音は、壁に何度も何度も反射して、複雑な倍音を形成し膨張します。また、二十秒以上ある長い残響音は絡み合い、予想出来ない様な魅力的な対旋律を生むのです。

そしてもう一つ、《無伴奏チェロ組曲》は六つのパートで構成されています。私は全六パート、それぞれ六カ所の場所を移動しながらの録音を計画しました。録音場所選びでは、出来る限り日常、音楽を演奏、録音するような場所、例えばコンサートホールや音楽スタジオなどは避けました（第三番だけは例外ですが）。楽器の音をクリアーに録音するため、その場所の環境音や雑音を遮断するのではなく、むしろそれらを取り込み、その空間の特色を出したかったのです。組曲の六パート、それぞれ場所を変えて録音する事で、楽器としての空間（場所）の特性がより浮き出ると考えていました。録音場所の候補地情報を得ると、すぐに飛んで下見に出かけ、結局、何十カ所も行きましたね。曲と場所の相性を想像し、さらにそれぞれの空間のどこでどの曲を録音するかを検討しました。そして一九九六年に組曲一番から三番を録音しました。

第一番は東京の月島にあった音楽スタジオ、コンシピオで録音しました。この建物、かつては営業倉庫だったのですが一九九三年に録音スタジオとして改装されました。私が惹かれた場所は録音部屋ではなく、吹き抜けのエントランスホール。ここでプレリュードから録音を始めました。打放しコンクリートで囲まれたエントランスホールは天井高六・八メートルあり、反射波はよく拡散します。音質は少々固めで高い周波数帯が持ち上がる傾向にありましたが、演奏位置とマイクロフォンの距離、また、反射角度等、試行錯誤を重ね、ベストポジションを決めました。大き過ぎず、小さ過ぎないこの空間では、十六分音符の粒立ちがクッキリして歯切れの良さが魅力でした。この建物は港に併設されており、時々聞こえる貨物船の汽笛がさらに音響の立体性を強調しました。

第二番は先にお話しした大谷石地下採掘場跡です。演奏時の音響体験については前にお話ししたので省きますが、録音の苦労話を少々。この空間は録音した組曲の中で最も広く、また残響は一番長いところでした。この録音プロジェクトをスタートして二番目の録音場所としてはあまりにも経験不足で難しく、多くのハプニングがありました。この場所の年平均温度は約八度で大きな冷蔵庫といった感じです。夏の録音としては最初涼しく快適でしたが、三十分ほど経つと寒さが身にしみてくる。もちろん楽器は冷たくなり、絶えず息を吹き込んでいないと音程が安定しません。またここは湿度が大変高く、音響にとっては、湿度が高い事で音が柔らかくなり、ビロードのように漂う残響は大変美しいのですが、録音機器にとっては最悪！

当時まだプロトゥールス等のコンピュータ録音は一般的ではなく、我々は主要機器としてＡＤＡＴを持ち込んで行きました。しかし、あまりの高湿度で録音ヘッドが湿り、エラーを起こしてしまうのです。録音はしばらくの間中断しましたが、その後、予備で用意してあったまだ信頼性の低いプロトゥールスを起動し、録音を再開しました。これがなんと問題なく動いてくれたのです。送風機の風がマシンの冷却、乾燥に効果があり、コンピュータやハードディスク共に長時間問題なく動いてくれました。八本のノイマンマイクロフォンもこの過酷な条件に耐えました。その他、次から次に問題は現れましたが、時間をかけて解決しました。そうして残る四カ所に挑む録音機器のシステムはこの場所で確立したのです。

第三番は、一九九四年に建設された、栃木県にある那須野が原ハーモニーホール、六組曲中、唯一のコンサートホールでの録音でした。下見に訪れ、最初にこの建物の外観を観た時は驚きましたね。これは宇宙船だと。水田に着陸した宇宙船。ガラスの球体が操縦棟でコンクリート部分が機関部。私はワクワクしてきました。こんな長閑な田園に突然のモダン建築です。内部空間は、これまた複雑な角度で仕切られていましたが、それぞれの空間は魅力的で、それを利用して多彩な音の表情を表現できる可能性を感じました。

様々な場所で音を出し感触を確かめましたが、結局は大変豊かな響きの大ホールの中で録音しました。約千人の客席数を持つ広い空間ですが、コンサートホールという事で外部からの騒音を遮断した静かな空間。六組曲中最も静かな空間です。主旋律以外、その他重音部分や細かいニュアンスのパートは階段の踊り場や、廊下等で録音しました。

続く組曲第四番から六番までは一九九九年の録音です。

第四番は岩手県の釜石鉱山です。私はこのプロジェクトを始めてから、会う人にいつも尋ねていた事があります。それは残響が長くて音が良く響き、神秘的で魅力的な場所に心当たりがあったらぜひ教えて欲しいという事です。そしてある時一人の知人から連絡がありました。どうも釜石市の廃坑になった鉱山の中で、ある建設会社が音響実験をしていて、もしかしたらそこを録音場所として使用出来るかもしれないとの事でした。いや〜〜胸が高鳴りましたね〜。

居ても立ってもいられず、すぐに下見させて下さいと懇願し、快諾して頂いた数日後、早々とサクソフォン片手に鉱山へと向かいました。到着後、鉱山の担当の方を紹介して頂き、この鉱山についての説明を聞きました。百五十年もの長きにわたり掘り進められたという話、そしてついに坑道の長さが、総延長千キロを超え、巨大な蟻の巣のように広がっているとの事。また音響に関して、花崗岩で覆われた空間は吸音率が低く、残響が長く残るという事。それを聞いて私の興味は、はち切れそうなまでに膨らみました。どんな音質だろう、音の反射はどんな感じだろうと……。

坑道に入るトンネルの入り口付近に二両編成のトロッコが待っていました。ヘルメットをかぶり、さあ出発です。鉱夫さんにお願いしてトロッコをゆっくり走らせてもらい、録音場所になりえそうな場所で止まっていただき、サクソフォンを鳴らしました。一日たっぷり時間をかけて、鉱山の奥深くまで行きました。一カ所、急傾斜を略真下に降りて行く、あたかも映画インディ・ジョーンズのシーンを体験している様な所がありました。しかも雲がかかっているのです……。

このようにして鉱山の中を何カ所も移動して試奏してみました。どの場所も個性のある響きで大変選択に迷いましたが、結局グラニットホールと呼ばれる地下音響実験室を録音場所に選びました。起伏のある花崗岩の壁は、音の反射が超複雑です。太く長い残響は時折、予期出来ない倍音を生み出し微妙な音程をとるのが難しい。しかし残響は昭和初期の名女優たちのように妖艶に響きます。うっとりしますが反面、この空間を楽器としてコントロールするという事は猛獣使いになったようで、ともかく大変スリルのある音響空間でした。

本番の録音は五日間のスケジュールの中六曲を録りました。毎日午前中に坑内に入り、出るのは午後五時くらい。石切り場と同様、坑内は寒かったです。六曲中、特に印象深かったのは「ジーグ」(バロック時代の組曲を構成する舞曲の形式）です。私はこの場所独特の複雑な倍音をさらに強調するべく、唸る奏法で「ジーグ」を演奏しました。これが大変気持よかったのです。もう一つこの場所で特筆しなければならないのが水の滴る音です。録音した音をヘッドフォンで聴いていただくと良く聞こえると思います。この大量の水滴音が波形をさらに複雑にし、また音場に立体感を与えています。さて、この釜石鉱山地下音響実験室、六組曲中で一番過酷な録音条件だったかもしれません。録音が終わって坑道から出たときの解放感は忘れられません。

第五番、ここから録音ツアーはイタリアに渡ります。ヴィラコンタリーニ、ピアッツァオーラ・スル・プレンタです。さて、イタリア録音では、日本での録音場所、元営業倉庫であったり、石切り場跡、はたまた鉱山の地下実験室とは打って変わって、明るく穏やかなドライな世界です。ヴィラコンタリーニ、畑の中に聳え立つ巨大な離宮。十七世紀、かのガリレオの時代の産物かと思うと感慨もひとしおです。

さて、この王道ど真ん中のバロック建築内でテナーサクソフォンが奏でるバッハを誰が想像したでしょう。それは私です。しかし、この場に触れて妖しく立ち上る音の肌合いを心地よく感じるのは私だけでしょうか。例によって私は録音場所を探すべく、音触りを味わいながら館内を彷徨(さまよ)いました。優美な壁画が連なる長い廊下では、多彩な音の光が迸(ほとばし)り、反射した音の波は肌を撫で、音は匂いまでも醸し出す。五感が和合してしまうとでも言いましょうか。感無量です。

結局ここでの録音は、キタ―ラ（ギター）と呼ばれている部屋に決めました。この部屋は名前の通りギターの胴、すなわち響き胴の仕組みをそのまま部屋に置き換えた設計で、三階建ての最上階が響き胴にあたる部屋になります。当時、演奏家はここで演奏し、聴衆は二階の天井に空けられた丸い穴を通して音を楽しんでいたらしいのです。いや〜粋じゃありませんか。サクソフォンを吹くと辺りの空気は共振して畑の向こうの空気まで震わすような、なんとも清々しい吹き心地です。ここで私はときどき窓を全開にして、外気と交わりながら演奏、録音しました。夏での録音という事で、何回か突然のスコールに襲われましたし、激しい落雷は録音の中断を余儀なくさせましたが、この地のスケールを感じるには絶好の休憩時間になりました。雷以外に芝刈り機の音、小型飛行機の爆音、近くで行われた大パーティでの歓声等でも録音は中断しましたが、鳥の声や、その他の生活音は立体感を表現する要素として取り込みました。守衛さんから聞いた話ですが、以前ここで音楽録音を行った人たちは鳥の声が邪魔だったそうで、守衛さんに鳥の巣を撤去してくれと要求したそうです。私はその話を聞いて笑ってしまいました。

第六番はイタリア、パドヴァのパラッツォ・パパファーバです。実は私、この館の主と知り合いで、何度も訪れた事がありました。ある日、お互いの近況を語り合っている時に、私は《無伴奏チェロ組曲》の録音計画について話しました。〈バッハ／サクソフォン／スペース〉の三角関係や、特に空間にこだわっている話もしました。すると主が、「ひょっとして、こんな部屋？」と、私をある部屋に案内してくれたのです。扉を開けたとたん、私は息をのみました。見上げると天井高十二メートルはあるでしょうか、ドーム状のクーポラを持つ、二百五十平方メートルの広いドローイング・ルームだったのです。すかさず中央に歩み、サクソフォンを持ってなかったので、自ら声を出してみました。なんと、あの大谷石地下採掘場跡の体験と同様、声は拡散し、もはや私の声帯の振動ではなく、体全体が発声帯になったような感覚に襲われたのです。私はその時その場で、ここを録音場所にする事に決めました。この建物は進歩派だった主の祖先、パパファーバ家がイルミニズム等の自由思想や新古典主義の要素をこの建築に取り入れたのだそうです。完成は一七六三年。ちなみにバッハは一七五〇年に没しています。時代はほぼ重なるのですね。

さて第六番は組曲最後の章。プレリュードから始まる六曲、全ての曲の音域が広く、チェロで演奏するのも大変な事ですが、テナーサクソフォンでの演奏、最初はもう想像するだけで気が遠くなりました。なにしろ運指表によるテナーサクソフォンの最高音の一オクターブ以上の音域がでてくるのです。これには練習嫌いの私も、自ら鞭を打って励みました。しかし同時に第六番とこの空間の好相性も確信し、ウキウキしていました。テナーサクソフォンの太い高音が、この空間で独特の澄んだ響きを生むのです。

録音が開始し、一曲一曲録音が進むごとに、私の体とこの部屋が良く馴染んで来るのを感じました。しかしここで問題が立ち現れました。建物の敷地は私有地で通常自動車は通行出来ないのが原則ですが、それでも自動車は通るのですね。仕方ありません。私たちは市の許可をもらい、数人を自動車侵入口に配備してゲートを設けました。そして私が録音を始める時、トランシーバーで合図を送り、一斉にゲートを閉め道路を遮断するという策です。自動車のエンジン音がドーム状の部屋で響くと、それは自動車の音ではなく、超低周波の唸りになってしまうのです。で、この策は成功しました。その他、外からの音、自転車の軋み音や、通行人のおしゃべり、鳥の声、エトセトラ。全ての音にうっとりしました。

私は組曲の中でこの空間が一番好きかもしれません。長過ぎるくらい長い残響は録音するのは難しい。しかしマイクのセッティングや演奏位置、また演奏の工夫でどんどん変容するのです。プレリュードを演奏する快感は格別でしたが、サラバンドでは、まるで宇宙遊泳を体験しているようでした。とにかく、平衡感覚がくずれますのでよっぽど気をつけないといけません。

以上、第一番から第六番まで、いやはやロードムービーならぬロードレコーディング……。たいへん長い時間を費やしましたが、私はこの作品に取り組んだ経験によって、空間を意識する態度が良い意味で変わったと思っています。

*この原稿は、二〇一六年、プリンストン大学建築学科のオーディオ・ジャーナル「Attention」へのインタビューをもとに加筆・修正したものです。

水と火と——連禱、夜の底から

小林康夫

Yasuo Kobayashi

1

裸身の夜、全裸の夜、わずかに輝いて、星はなく
黒い水、悲しみの水、音もなく流れて
暗黒の夜、黒い水、ひとつも星はない
水は渦巻く、音もなく渦巻いて
流れる水
渦巻く水、ゆっくりと
それが少しずつ速くなる、どんどん速くなる
すると、大きな影のようなものがわずかに動く。
夜の奥底に不動のままうずくまっていた影が
岩なのか？
動物なのか？
いや、いかなる存在とは知らず、しかし
夜に内在する深いふかい悲しみ

1 Nuit nue, toute nue, qui luit à peine. Aucune étoile...

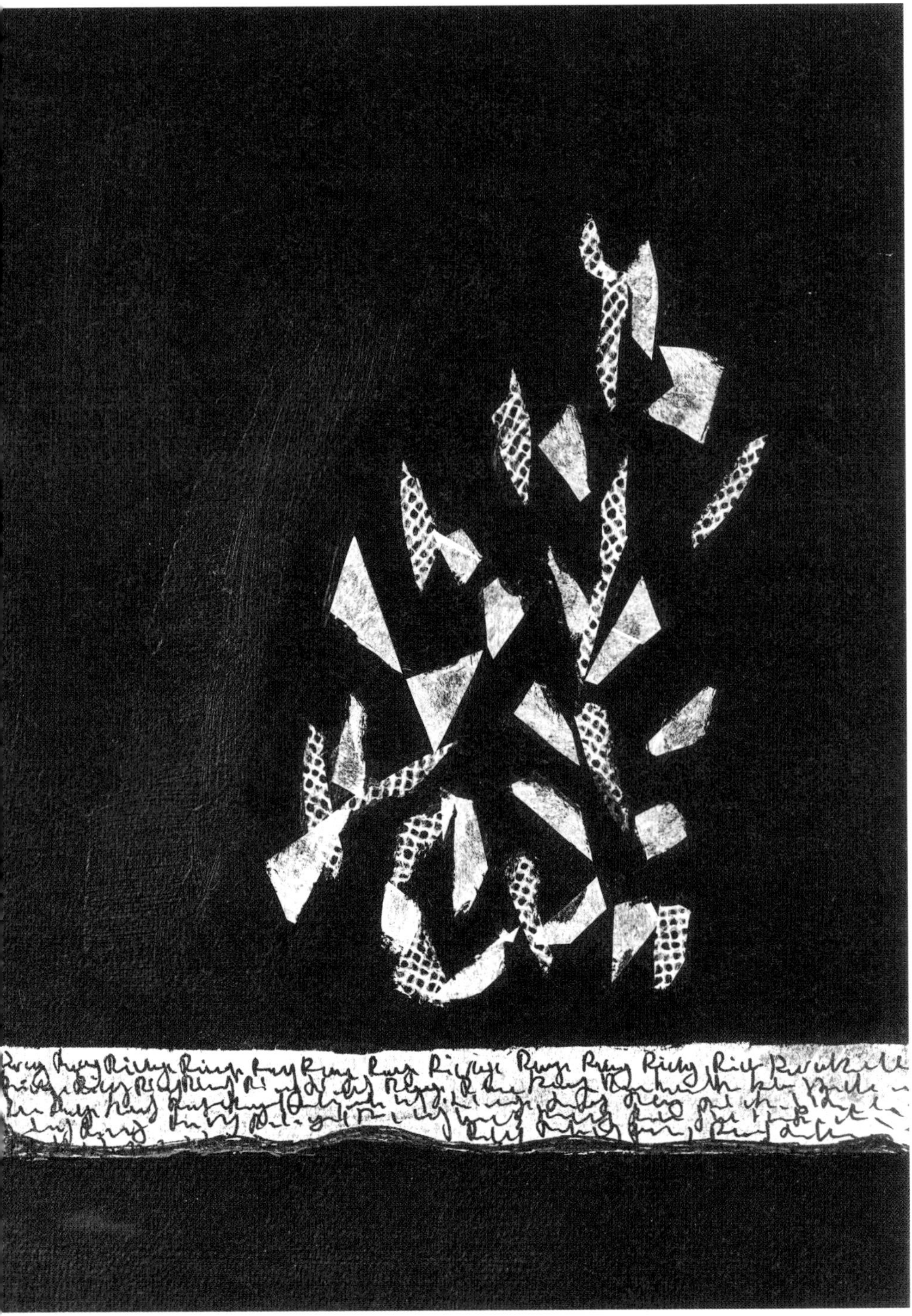

Sur le rivage, la Terre est aussi noire que l'Eau...

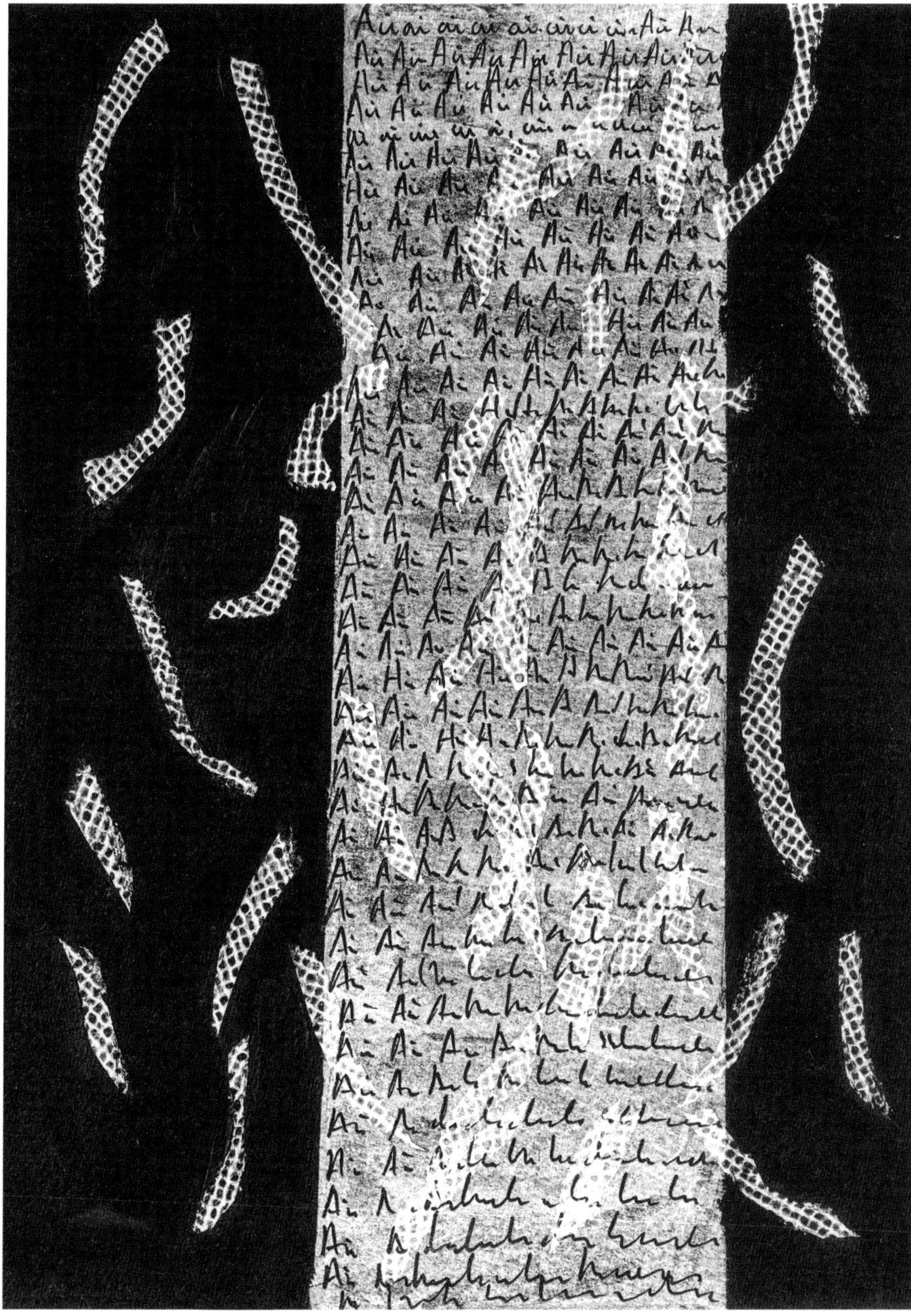

3 L'Air se lève...

Alors s'entrouvrent lentement les yeux

5 Que vienne le feu! ...

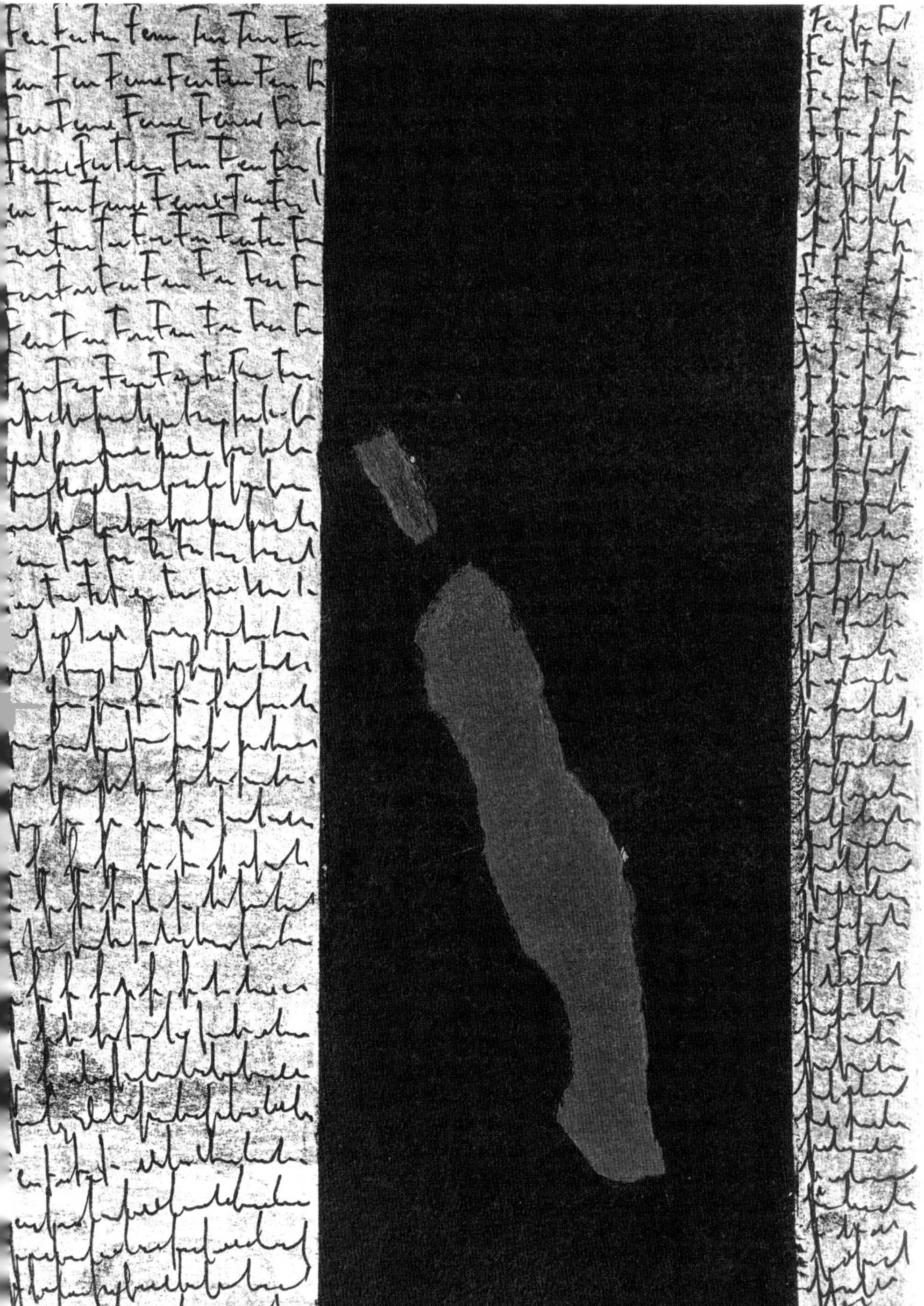

La vie! ...

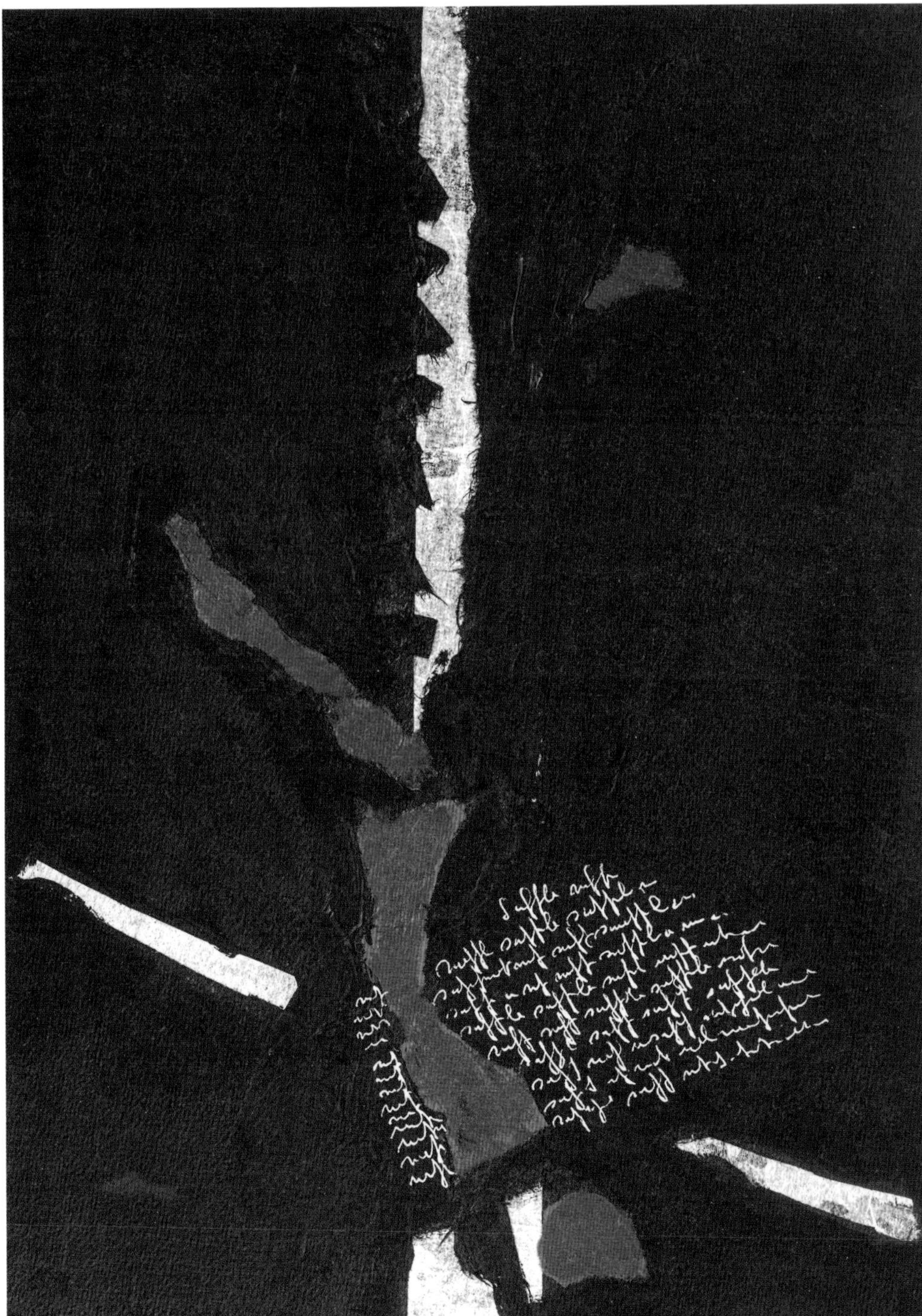

7 Et monte alors en spirale l'Eau encerclant ce corps de Feu

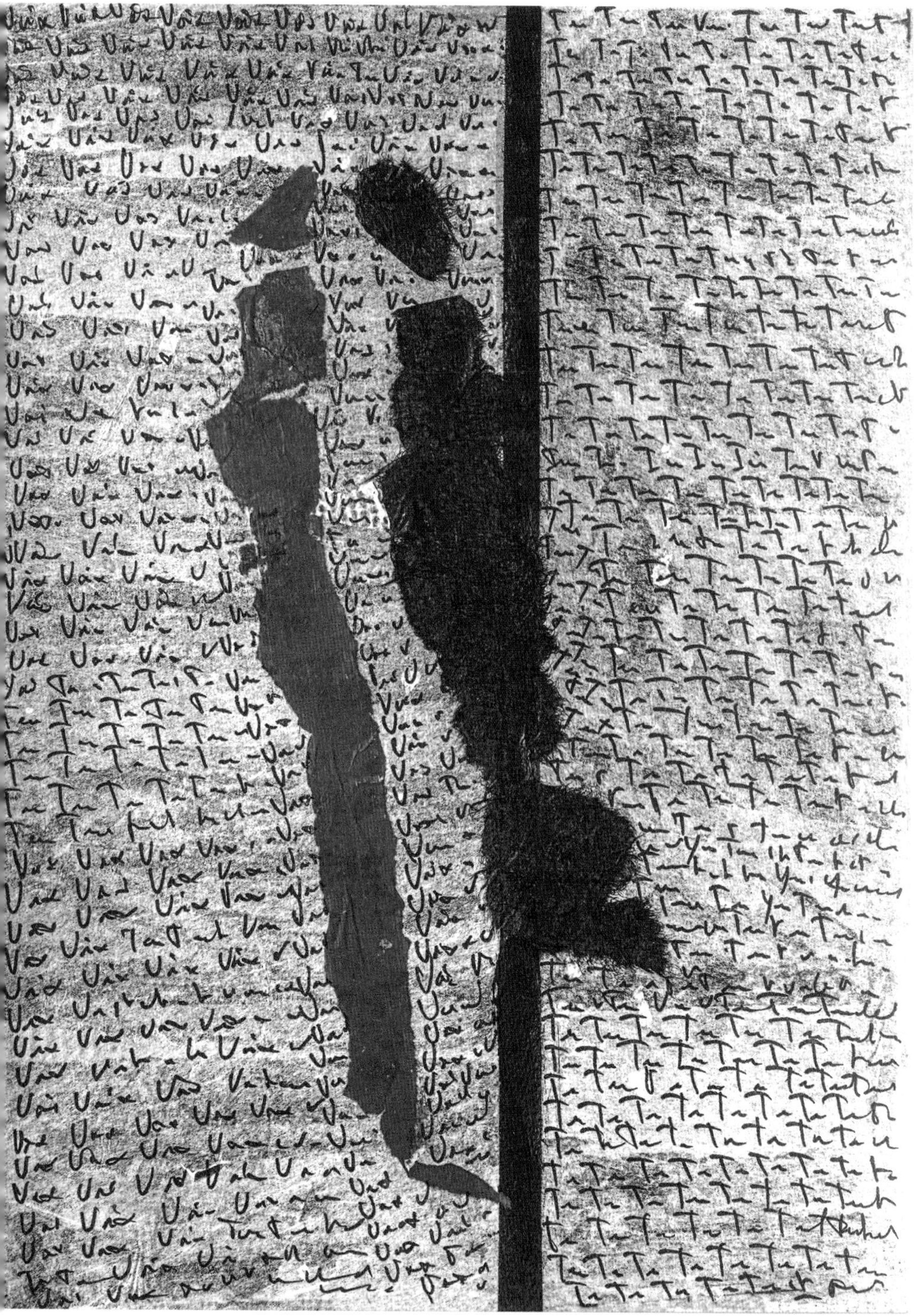

Alors résonne une voix sacrée:

2

岸辺では、水と同じ暗黒の大地がひろがる
だが、突然、音もなく大地が揺れる
地下から芽生えてくるささやかな、細かな芽、芽
そこから生えてくる小さな葉、葉
そこから咲いて、飛び散る、まっ白な無垢の花、花
無数の白い花、数もなく、黒の水の岸辺に咲き乱れる

3

風が立つ
はじめはやわらかい微風、それがだんだん強くなり、生き生きと、激しく揺れ動く
風にはこばれて、真珠色に輝く花びらが渦巻く
舞いおどる、舞いまわって、黒い水の上を、いつまでも、
いや、ぐるぐると旋回しながら、昇っていくのかもしれない
高く、さらに高く、天空へと
だが、そうであれば、これは花びらなのか？
いや、むしろ空から落ちてきた白い羽毛なのではないのか？　無数の羽毛が花びらと混じり合う
夜のなかのまっ白な竜巻

4

そのとき、影と夜のあの巨大な存在の眼が
ゆっくりと、うっすらと開く
そしてその口から流れ出る息吹、それが
《ドゥー（doux)、ドゥー（doux)、ドゥー（doux)》
と聞える
すると、まわりの夜の空間が全体がふるえはじめる
傷ついて、しかし限りなくやさしく（doux)
かなしく、しかし限りなくしずかに
かれのやさしい響きがふるわせる
空気を、水を、そして大地を、
まるで夜の〈心臓〉が鼓動するように

5

《来い、火！》
空間の全体が叫ぶように火を願いもとめる
火、火、火、あの火こそ！
そのときだ、花々と羽毛の渦巻きのまんなかに

まるで一個の眼のように、光輝く小さな炎が現れ
しだいに大きくなり、大きく渦巻き、渦、ほとばしり
激烈なる純粋の火
生まれ出らん純なる炎！

6

生命（いのち）！
生命の火！　火の生命！
火の鳥、火の竜、火の女！
美しく、官能的に、火は踊る、踊る、踊る
ひとつの炎のように、ひとりの女のように、ひとつの魂のように！
そうだ
来て、来て、わたしのところに来てわたしもまた火

7

すると、そのとき、その火のからだを取り囲むように、渦巻いて立ち昇っていくのは水
まるで光の翼で踊りを包むように
水は火を抱きしめる、そしていっしょに光となる
夜の無-限が、深淵の無-時間のなかで輝く

婚礼はたぶんそのように成し遂げられるのだ

8

すると、聖なる声が響きわたる
《遠い昔に切り離された存在がふたたびいっしょになるとき
あらゆる祝福が到来する
三つの方向に光は伸びて行き
五つの黒い水の池を閉じる
そこから星が輝く十の天が生まれる
そして川は海に注いでひとつになる》と

この十の夜の天の果て
浮かびあがる、ただひとつ、われわれの星、地球が
まるで大きく見開いたひとつの眼のように

生命のふたつの力がぶつかるとき

イレーヌ・ボワゾベール

Irène Boisaubert

パリのあるカフェで詩人−哲学者とアーティスト−画家とが出会った。

対話、会話、そしてそこからいっしょに本をつくろうという願いが降ってきた。

ほんとうの冒険がはじまった。

テクストは、メールという現代的方法で届いた。

残念ながら、この時代、もう切手と封筒の手紙を受け取ることはない。

でも、そのテクストは、閃光となって、わたしを貫いた。そうだった。

まるで瀧のように心にいくつものイマージュが落ちてきた。

すぐにわたしは、絵を描いた。黒い紙の上に和紙をコラージュして。

シンプルに、はっきりと。ひとつのフォルムが、ついで二つのフォルムが迫ってくる。

フォルムが来るにまかせなければならないのだ。

それは挑戦だった。

水と火というふたつの生命のエレメントを対話させるという挑戦。

はじめ、わたしは、それらふたつのあいだの婚姻など不可能だと思っていた。でも、間違っていた。

生命のふたつの力がぶつかるとき、それはたがいに相手を破壊するのではない。

そうではなくて、力はひとつに溶け合って、新しい第三の力を産み出すのだ。

芸術、愛、婚礼……それをどのように呼んでもいいのだが。

この本を産み出したもの、それが創造力。本を開いて見て、読んでくれたら、わたしは嬉しい。

でも、そのとき、パリのカフェでなにが語られたのか、訊いてはいけません。それはまだ秘密。

悲歌、さりながら祝祭

小林康夫

ライナー＝マリア・リルケが、一九一二年一月にドゥイノ城で開始した「ドゥイノの悲歌」を完成させたのは一九二二年二月であった。

それからおよそ百年の時が流れ、遠くユーラシア大陸の果て、海を隔てた小さな列島に住む、齢すでに七十歳をこえた老人が、――どんな風の吹き回しにのってか――突然、その十篇の悲歌に応答しようと決意した。いや、応答というよりは、ただそれを模して、自分自身の「世界への問い」を、悲歌として、さりながら祝祭として、歌ってみようとするだけ。遠い木霊（エコー）。一世紀も遅れて、雑音（ノイズ）がたくさん入って、もはや聴き取れなくなった木霊（エコー）として。

第一の悲歌

Rainer Maria、きみに呼びかける
きみにきみを返すために
きみのなかのもうひとりのきみを目覚めさせるために
いつだって呼びかけようとしていた、きみは
呼びかけること、それが、きみが引き受けた使命
だが、誰に？
きみは言う――「誰が、たとえわたしが叫んだとして、
天使の序列（Ordnung）のいったい誰が、それを聞くか！」と。

きみの言葉はすべて天使へとあてられていた
天使に向けてこそきみは歌っていた
だが、すべての天使はきみには「おそろしい」ものでもあった
——「もし天使がその心にわたしを抱きとったなら、
あまりにも強いその存在（Dasein）にわたしは消滅してしまう」
「もしいま大天使が、星々のかなたから、
わずか一足こちらに歩み寄ってきただけで、
われわれの心ははげしく動揺しわれわれを打ち砕いてしまう」
ときみは書いた。
天使がおそろしいきみ
天使に滅ぼされ、打ち砕かれると怯えていたきみ
にもかかわらず、呼びかけないわけにはいかなかった
きみは
天使に
天使たちに
天使の序列のうちに座をもつ天使たちに
呼びかけつづけた
なぜか？
なぜなのか？
Rainer Maria よ
わたしは言う
きみが、きみもまた、ひとりの天使だったからだ
きみは天使

だが、天使の序列から追放され
地上へとおとされた
堕天使
翼はもぎ取られ
存在の記憶は封印され
ただ「暗澹たるむせび泣き」
果てしない悲哀
果てしない孤独へ
この地上の生へ
突きおとされた天使
Rainer Maria よ
きみはそのことを
夜の意識のなかではほとんどわかっていたのではないか
きみ自身が天使
傷つきおとされた天使
天使によって天使の序列からおとされた天使であることを
だからこそ
きみにとっては「すべての天使はおそろしい」のであった
天使ほどおそろしいものはないのであった
だが、同時に
きみにはわかっていた
きみはおとされたのであるが、また
きみ自身がみずから望んで墜ちたということも

きみは墜ちた
地上へ
人間たちの世界へ
年々春がおとずれ
日々夜がおとずれ
生命の樹々が生え育ち
愛に生きる女たち
若くして死ぬ男たち
運命に翻弄され
悲しみと苦しみのなか
無数の魂がさまよい続ける
この地上の世界へ
きみは墜ちた
おとされ、墜ちた
なにのためにか？
この問いにみずから答えるために
地上の十年の時間をかけて
きみの全存在をかけて
悲歌が書かれなければならなかった
そう
きみは墜ちた
大地の「委託」に答えるために
「天使にむかって世界をたたえる」ために

言葉によって
言葉にいいえぬものに
〈美〉を与え返すために
〈美〉（das Schöne）
それが、きみの約束
なぜなら
〈美〉！
それこそ、あの「おそろしい存在」のはじまり
天使の序列、天使の次元の
地上におけるはじまりだから
そのことを
きみは
自分自身に、世界に、そして天使たちに
十の悲歌をとおして
断固として
宣言した
Rainer Maria よ
美しい約束だった
地上に
これより美しい約束はない
はかない存在のなかに形成される
はかりしれない〈空虚〉（die Leere）を
そのまま立ちのぼる振動へと変換する秘儀（Geheimnis）

それが詩（Dichtung）！
詩の約束
詩の覚悟
そう、
だが、詩はどのようにはじまるのか？
詩のはじまりはどこにあるのか？
Rainer Maria よ
あまりにもぶしつけなこの問いに
きみはこたえた、
はっきりときみは言い切った
詩は、なによりも
呼びかけをきくことからはじまる、と。
声だ、
だが、言葉なき声だ
風として吹き寄せる声
静寂そのものの声
その呼びかけをきく
若い死者たちの呼びかけ
サンタ・マリア・フィルモーサの碑銘
女性詩人ガスパラ・スタンパのソネット
リノスの神話
そして、忘れてはいけない
一九一二年一月、ドゥイノ城

荒天の海に面した絶壁
風と波の咆哮のなか
きみが聞きとった呼びかけ
そこから「悲歌」がはじまったあの呼びかけを
呼びかけ
とりわけ死者からの呼びかけ
死
（なんということ、わが言語では「詩」と「死」は同じ響きだ！）
Rainer Maria よ
死こそなによりもきみを魅惑したものであった
なぜ死があるのか？
なぜ美しい若者たちにまで死が訪れるのか？
そうだ
死こそ
人間にとってもっともおそろしいものではないのか？
しかし、そうだとすれば
死こそ〈美〉のはじまりであるのではないか？
詩は死を〈美〉へと変換する秘儀であるべきではないのか？
生と死の区別こそ、人間にとっての究極の限界である
しかし
人間のいっさいの条件がその区別にかかっている
Rainer Maria よ
きみは

小さな括弧（sagt man［そう言われている］）をしのばせて
まるで自分の言葉ではないかのように
「天使たちは生者たちのもとを行くのか、
死者たちのもとを行くのか、しばしばわからなくなる」と書きつけた。
天使たちには生死の区別は自明ではない、重要ではない
「永遠の時」は「生」と「死」の両界をつらぬいて流れていくのだから
と、きみは言う
だが、人間たちには
死は流れ去らない
死はとどまる
死こそがとどまるのだ
リノス、ガスパラ、サンタ・マリア・フィルモーサ
リノス、ガスパラ、サンタ・マリア・フィルモーサ
地上とは死が残りつづける場所なのだ
〈空虚〉が〈空虚〉のままで残りつづける
そしてその〈空虚〉が呼びかける
わたしを振動へとかえて！
わたしを空中へ
天へと
解き放って！
音楽として
詩として
祝祭として

Rainer Maria よ
それができるのは人間だけ
天使には死がわからない
人間だけが生の岸辺に立ったまま
死を詩へ
妙なる振動へ
と変換することができる
Rainer Maria よ
きみは
死を学ぶためにこそ
この地上に墜ちてきたのだった。
鐘が鳴る
ああ、突然に、いくつもの鐘がうなりはじめる
Rainer Maria よ
きみのために
きみの墜落のために
地上の無数の鐘が
嵐の海面のようにうねり波立つ響きのなか
鳴り響く
地上におちていく一個の流星
片翼の天使の姿を
いま、遠く
わたしは眼にするのだ

第二の悲歌

煉瓦の破片に
Rose, oh reiner Wilderspruch
(薔薇　おお　純粋な矛盾よ)
とだけ書いて
それを
一本の辛夷の樹が植えられた
夏の野生の庭の隅に半分埋めて
そうすると
Rainer-Maria よ
なにしろきみの墓碑銘の一部なのだから
そこに、その地面の上に
遠く、高いたかい空を見上げて
横たわるきみの顔だけが浮かんで
ならば
きみが
その下に
Niemandes Schlaf (誰のものでもない眠り) が
眠っていると歌った
あの soviel Lidern (おびただしい瞼) を

まるで雪片のように
ハラヒラと
撒いてあげようではないか
赤、白、黄色、オレンジ、ピンク
ハラヒラと
花びらハラヒラと
散って落ちて
きみの瞼を閉じるだろう
すると
かすかに聞えてくる声があって言う
「わたしは人の死を死んでいきます」と
それが
一九二六年十二月二十九日五十一歳で亡くなった
Rainer-Maria よ
きみの声なのかどうか、知らず
ただそれでも
ようやく
あのおそるべき無味無意味無情無時間の虚無の穴を脱して
あの果てしなく荒野だけが続く「どこでもないところ」を逃れて
かろうじて先へ
前へ
次へ
運命が

わたしは信じる。
ふたたび歩みはじめたのだと
ということは存在が

❦

壁の鏡を見る
すると、そこに映っているのは一個の骸骨
そいつが言う
「わたしの愛する頭蓋骨！」と。
カタカタと骨が鳴っている
まさにDANSE MACABRE（死の舞踏）
踊りながら、そいつが言う
「肉はいらない」
「光が醜悪な肉を通り越して骨にまで届いて音を発する」
「どうだ、わたしの頭蓋骨は美しいだろう？」と。
即座に、わたしは応える
それがおまえの接吻か？
ふざけるな、てめえ！
なんという詭計、欺瞞、罠！
広大なインチキ、巨大な穴！
おまえはキャバレー《冥界》の門番！にすぎない
店の前を通るオルフェウスの腕をとって

強引に引きずりこんだのだな
だが、その地下は〈大地〉の地下ではなく
〈大地〉の夜ではなく
そこに〈大地〉の愛はない
ふざけるな、てめえ！
肉は醜悪にして、また美でもある。
肉の美しさこそが詩の光！
天使は光をこそ肉としてまとうのだ！
と
刹那、DANSE MACABRE は停止し
ストップ・モーションの骸骨君の足元に横たわるひとりの男
青黒く捩じれた軀、激しく痙攣する手足
断末魔の苦しみを貫いて
かれは言う
「わたしに子宮があったなら、それは大地と共鳴し波打つ子宮。
大地のために命を生み出していくだろう」と。
それは、きみなのか？
Rainer-Maria よ
それが、きみが受け取った「〈大地〉の委託」なのか？
知らず、しかし
痙攣しつづけるその手を握ると
ずるずると人間の軀が抜け殻のように抜けて
あとに

一個の傷ついた天使
片翼の天使
が現れるのであった。

❦

死は見えない
その不可視に美を預託すると
存在の見えない境界線を踏み越えて
知らぬ間に
むかしむかしから空（Ciel）にあいている
おおきなおおきな穴に
けっして穴とはみえない穴に
風もないのに風の音だけがする穴に
まっさかさまにおちて
すると
時間が停止する
DANSE MACABRE
どれほど踊っても
時間は流れない
世界は動かない
(だが、まちがえてはいけない
時間が停止するということは

スチールではなく
リピート
回帰ではなく反復
無限の反復
しかし〈無限〉はどこにもない）
DANSE MACABRE
骨だけがカタカタと踊りつづける
いつまでもいつまでも同じ踊りを踊りつづける
そこには
春は
あの残酷なまでにはげしい春は
やって来ない
春は回帰しない
そう
回帰するのが美
それは肉にこそおとずれる。

Rainer-Maria よ
きみを差し貫いた死の切っ先は
薔薇の棘であったと言われている
薔薇には花びらだけではなく

棘もある
棘が肉を傷つける
そしてとめどなく血が流れおちる
無数の花びら
無数の棘
おびただしい花びら
おびただしい棘
Niemandes Schlaf（誰のものでもない眠り）を眠るためには
「誰である」を死ぬのでなければならない
「人の死」を死ぬのでなければならない
そのたびごとに
そのたびごとに、おびただしい花びら
眠れ！
Rainer-Maria よ
きみのものである Niemandes Schlaf を
すると
その眠りの上で
ひとりの少女とひとりの少年とが
輪をえがくように踊りはじめる
それは Waltz（ワルツ）
《ふたつの世界、ふたつの海、ふたつの立ち尽くす墓標
　それらが呼びあい流れて
　揺れてゆれて

まんなかに集まり》
そこに
天使の影が浮かびあがる
と、どこからか
明るく
晴れあがって
「Wunderbar（素晴らしい）！」
ひとつの声が響いてくるのであった。

火と水の婚礼——あるいは秘法XXI番〈4〉

小林康夫

36

モード・クリスタンのところを再度訪れたのは、同じ年の十二月のはじめだったか。アヴニュー・ド・メーヌのオフィスは入口が変わっていて、壁に彼女が描いたというエドワード・ホッパーの絵の模写がかけてある待ち合い室でしばらく待ってから部屋に通された。

このときは、一回目とはちがって、彼女が日本にまで送ってくれた彼女の本のお礼かたがた、小さな山小屋をどこに建てるかについて、ヒントを探ってみようというのが主な動機だったのだが、主題はいつのまに、わたしの親のことになり、すでに数年前に亡くなっていた父と存命の母の「存在」のリーディングとなった。そこで告げられた二人の「存在」は、——戦争によって人生を狂わされ、破壊された世代であることもあるが——悲哀に浸され、貫かれ、いっしょに暮らしていたのだから多少のことは感じていたとはいえ、モードの口から、情け容赦のない厳しい「像」をつきつけられて、わたしは文字通り打ちのめされた。「軽石のように長年にわたって悲哀によって蝕まれた存在」——恐ろしいような衝撃だった。あまりのことに、そこから歩き通してアパルトマンに帰ったわたしは、立っていることもできずに、そのままベッドに倒れ込んだ。「存在」とは、なんと残酷であるか、わたしははじめて正確に認識したのかもしれなかった。

もちろん、モードによるその「読み取り」の内実をここで明かしたりはしない。だが、ひとつだけ、父について、モードは不可解なことをわたしに告げた、「お父様は、旅が好きでいつも旅をしていたわよね?」と。確かに旅行が好きな人ではあったが、いつも旅していたわけではない、と答えると、「でも、いつも列車にのっていたわ」と。

そのときは、そのまま別の話題に流れていったが、二日も後になって、突然、ユーレカ！　わたしは理解した。「輪転機にちがいない！」と。父は印刷屋だった。実家の入口には小さな工場スペースがあって、いつも大きな輪転機が回っていた。そのリズム、その音が、父親の「存在」を浸していたのだ！　モードはそのリズムを「列車」と翻訳したのだ、と。わたしも同じ家に住んでいたのだが、輪転機はわたしの「存在」には痕跡を残していない。わたしはその横を通っていただけなのだ。

37

インド・マリシュワラ山のサヒヤンデ劇場のシャンカル・ヴェンカーシュワランが来日したのは、「火と水の不可能な婚礼」の舞台から一年半ほど経った冬だった。大学でかれを迎えたイヴェントが行われ、われわれは再会した。かれはわたしの目をまっすぐに見て、「あなたはシャーマンだよね、やっぱりあの土砂崩れは、あなたが、あのパフォーマンスによって惹き起こしたのだと思う。でも、去年の秋もモンスーン期に大きな洪水が起きて多くの死者も出たのだけれど、あのときには死んだ人は誰もいなかった」と。わたしは応える言葉がなかった。

38

The Last Celebration in Aoyama――そう、軸を定めた。青山学院大学の退職に伴う「最終講義」というセレモニー。しかし、「最終講義」はすでに五年前に東京大学を定年退職したときに行っていて繰り返す気持ちにならない。ならば、この機会を利用させてもらって、社会人が多い大学院生たちとともに一夜の「祝祭」をオーガナイズしようと考えた。その「祝祭」のSpine（背骨）を「道化、そして花々」と決めた。

「道化」は、数年前から日本戦後文化論を書き継いでいて、この間にわたし自身が「知の道化」として生きてきたという自己認識に到達したということもあり、また院生のなかに「道化」を生きようとしている日本舞踊の師範がいたこともある。かれがみずから踊ることで「道化」を演じてくれることになった。「花々」というのは、同じく院生のなかにNPO法人「難民を助ける会」の会長がいらして、彼女がその会の四十周年を記念する写真集『花々』の出版に際して、わたしにテクストの寄稿を依頼した機縁があったからで、この「最終講義」の後半は、彼女とわたしのトークとなって、その最後に『花々』のために書いた「詩」を、わたしは朗読させてもらったのだった。

これらの番組は、わたしの短いレクチャーとともにプログラムに予告されていた。また、それとは別に当日、「飛び入り」で若い院生たちのパフォーマンスも挿入されたのだったが、わたしの方も、すべての最後に文字通りの Celebration のパフォーマンスを密かに準備していないわけではなかった。

いつどのようにアイデアが浮かび上がったのか、記憶はない。いずれにしてもバッハ「イギリス組曲第六番」の「サラバンド」とそれに続く「ドゥーブル」――昔、友人にもらった、ピョートル・アンデルジェフスキーのCDのピアノ演奏だが、それぞれ四分あまりの二曲に魅惑されたのが、はじまりだったかもしれない。最初の「サラバンド」をわたしひとりが踊り、次の「ドゥーブル」で、もし可能なら、ほかのひとにも入ってもらって、いっしょに「祝祭」の「輪」を広げる、と。だから、当日、『花々』の詩の朗読のあと、「サラバンド」で流れる水のなかから「花」をすくいあげる所作をわたしが行う、そして次の「ドゥーブル」では、左回りに円を描くように、わたしに続いて自由に踊ってほしい。とくに、後半では、どうか、みずからも左回りに旋回しつつ、「誰でもない花」、「誰でもない微笑み」として花開いてほしい、と告げたのだった。

そう語って、わたしは舞台から引っ込む。着ていたジャケットを脱ぎすて、黒のニットの長いワンピースのセーターに頭を通す。かつてバリ島のゴア・ガジャの洞窟の前でひとり踊ったときに腰に巻いていた青いマフラーを肩に巻き付け、セーターのフードを頭から被る。わたしはもはや大学教授ではなく、誰だかわからない「誰でもないもの」となる。そして、靴も靴下も脱ぎ素足となって、用意しておいた鮮やかな朱色の漆の器を手にとって、舞台に駆け戻る。

平土間の舞台に、「水」を象徴するために、かつてモンゴルで買った、マントラが刻まれている青鮮やかなスカーフを床に敷き、直前に花屋で買っておいた色とりどりの花数輪を舞台に撒く。それから、合図をして、音楽スタート。「サラバンド」の優雅にも悲しい響きにあわせて、静かにゆっくりと、ひとつずつ、「水」のなかから「光る花」をすくい、ひろいあげる。アンソロジー Anthologie、文字通りに、「花集め」。「花」をすくう。わたしはことばの「花」をすくう。光を汲む。それがわたしのミッション。

そのまま「ドゥーブル」へ。軽やかにゆっくりと回転しながら、わたしの後に続いて入るようにみんなを誘う。まっ先に入ってくれたのが、「飛び入り」で踊った若い院生の女性、続いて「道化」を踊ってくれた藤間流の師範、すると次々と観客席から立ち上がって「輪」に入ってくれる人たちが続く。年取った教授も博士論文を提出したばかりの院生も……わたしはさきほど「水」からすくいあげた「花」を天に向かって撒く。曲が終わる前にもう一度、同じ曲をかけるようにオペレーターに指示を出して、瞬間、楽屋に引っ込むと、そこに用意しておいた数十本の枯れた赤薔薇の花びらをとって舞台に戻り、今度は、その無数の花びらを踊るみんなの上に撒きあげる。Celebration、そう、そのように。渦巻いて天へとのぼっていく異次元の空間がたしかに出現していた。わたしだけではなく、それは、(のちに聞いたのだが)、その場にいた、多くの感受性の強い人びとの率直な感想だった。

来てくれた人が帰るとき、ホールの出口で、プログラム外のそのパフォーマンスについて若干の情報を記した紙片が手渡されたが、そこには、その日の朝、わたしが走り書いた次のような詩句が書かれていた。

ANTHOLOGY-SARABANDE
どこか奥、しかしとても近い奥
あるいは夜
そこに一筋、水が流れている
見えない泉からなのか
清らかな水

夜の光を湛えた水
水が渦巻き、そこに花が生まれる
花が光る
水にかがみこみ
水に手をさしいれて
光る花をすくいあげる
一輪ずつすくい、ひろいあげて
アンソロジー!
そのように
花々

39

The Last Celebration in Aoyama――このパフォーマンスは、じつは四台のキャメラで撮影されていて、一週間も経たないうちに、若いアーティストによって一時間あまりのフィルムとして編集され、YouTubeにもアップロードされた。その映像を見ながら、わたしは呟いた、「ニコデモであったのか、わたしは!」と。そんなことは少しも考えていなかったのに、目深くフードを被って「サラバンド」を踊るわたしの姿は、わたしには、あのミケランジェロのピエタ(フィレンツェ)のニコデモ以外のなにものでもないように思われた。

だが、ちがうことを言う人もいた。「サラバンド」を踊りはじめたとき、あなたは、深い闇のなかの女のようだった。頭に白いバンドをまいて、両肩に編んだ長い髪を垂らして、と。

わたしにはわからない。わたしには踊りはじめたときの記憶がほとんど残っていない。それは、わたしだったのか。わたしではない別の存在であったのか。わたしではない「わたし」であったのか。だが、そうでなければ、どうしてCelebrationなどということが可能だろうか。Celebrationは、わたしがするのではない。わたしは、ひとつの小さなきっかけにすぎないのだ。

40

The Last Celebration in Aoyama――そこに集まってくれた人たちの誰も知らないこと。パフォーマンスが行われた青山学院のアスタジオの建物の裏側には、柵に囲われて誰も入ることができない小さな池があった。琵琶池。この一帯はかつて、青山病院の敷地で、そこにあった池。たしか弁財天も祀られていたはずだ。その夜、闇を透かして見ることができる人なら、池のまわりには、どこから来たのか、灰色のなにか大きな存在ひとつが、長い首をのばしているのが見えたかもしれない。

41

Qui suis-je ?（「わたしは誰か？」）――この問いは、つねに戻ってくる。それは、ひとたび答えが与えられて終わりになるものではない。なぜならそれが問うているのは、アイデンティティではないから。アイデンティティなどというものをディコンストラクトするためにこそ、この問いは問われなければならないのだ。

パリのモード・クリスタンのところを訪れた二年後だったたか、友人から不思議なタロット・リーダーがいると教えられた。験してみたい、と心が動いた。だが、予約サイトにアクセスするとすでに満杯、予約は入らない。瞬間、なぜか心が猛々しくなって、わたしが行こうと言っているのに、空けろ！と右手を空に突き上げた。翌朝ふたたびサイトを開くと、キャンセルが出たのか、一枠空きがあった。

そうしてアイリと出会った。目黒駅に近いマンションの一室。窓に面した小さな部屋。布を敷いた小さなテーブル。いくつものタロット・カードの箱が置いてあり、ひとつを選ぶように言われる。わたしが選んだのは、オシリス、イシス、ホルス、アヌビス……古代エジプトの絵柄のカード。そして、ただ単刀直入に問う、「わたしは誰か、どのような存在か？」

答えはまたしても衝撃的。

「人生の終着点から見てなにをするべきかを考えている探求の人。真理を翻訳して伝えることが仕事。本質的に吟遊詩人。そのように啓蒙する人。詩人。概念をつかった詩人、哲学者。仏教に入らずに仏陀の哲学を伝える人」と。もちろん、定年間近の大学教授であることも、本を書いていることも喋ってはいなかった。それなのに、わたしがある種の「啓蒙」を行う「吟遊詩人」――トルバドゥールというよりはケルト系のバード（bard）のほうだが――であると、カードを読みつつ、アイリもまた流れる水のように滔々と語る。

「あなたは、二本の脚がそれぞれ別なステップを踏みながら、しかし華麗に、異なるもの、ハイブリッドなものを、人生の最後まで求めて走り続ける人。異なる二つの次元の境界で力を発揮する。だから〈動け！〉と出ています」。

「あなたは、いつも波打ち際を歩いてきていて、他人には、しっかり立っているように見えるけれど、じつはつねに足下を水にさらわれそうになっていた。でも、なにを求めるのか。外に求めるのもむなしく、内に求めるとそこは混沌。ひとりでは探すのが難しく、かといって外に協力者はもとめない。結局、自分の頭のなかにある〈賢者の石〉**lapis philosophicus**を、外からの刺激によって振動させ動かすようにするしかないのでは？」と。

Qui suis-je ?――この問いがなにを求めているか、いまなら、わかるような気がする。いや、ほんとうは、もう四半世紀も前から、わたしは知っていたのかもしれない。

最近、自分が昔書いたものを読み返していて、四十歳前後にわたしを襲った、文字通り生死がかかった危機を乗りこえた直後に書いた文章のなかに、答えがはっきりと書かれていた。自分のなかの奥底にある「明るい闇」の場処にまで降りてきて、いったいなにを思い出さなければならないのか、と自問しつつ、わたしは書いていた――「わたしは思い出す。わたしの法、それをわたしは求めていたのだ。わたしがわたしの存在を自然なもの、草や樹木や雲のように自然なものと見なす限りにおいてはそれでいい。わたしは世界のなかで生まれ、世界のなかで滅していく。わたしは連続的に世界のなかに織りこまれている。実際、事実としてわたしはそうして世界のなかに存在しているのだが、しかし同時に、わたしがわたしの存在をなにかある約束、ある契約、ある法に負っているとしたらどうか。わたしがこのようにして世界にあることが、わたしの世界への到来以前にひとつの法として規定されていたとしたらどうだろう。わたしという特異性がそれそのものとしてすでに書かれていたとしたらどうだろう Qui suis-je ?――わたしはわたしという一個の「法」である」と。

42

その半年後だったか、目黒のアイリのオフィスを再訪した。モードにも聞いたことがあったが、小さな小屋を建てる場所についてのヒントを得るためだったが、リーディングが終り、帰ろうというときにふと思いついて、その頃、少し前から続いていた鼻血がひどくなり、粘膜を焼き切る手術を受けるしかないか、と思い詰めていたところだったので、ついでに訊いてみた。

すると、「血を出すことで脳出血をふせいでいる可能性があるから、粘膜を焼くのはどうかな?」と。そのうちに、わたしがシャッフルしたカードのスプレッドを見ながら、「かつてどこか海外で、ひどく具合が悪くなったことがある?」と聞いてくる。石造りの古い大きな建物の近く。大学か、教会のような大きな建物。八年前か十一年前か。そのとき霊的トラブルに襲われ、背中の左側から斜め上に霊道が走って、危うく死ぬところだった。ルシファーに攻撃されたか、と。はじめはフランスか、それならモン・サン・ミシェルかとも語ったりしていたが、話しているうちに、フランスではなくイタリア、諸事思いあわせれば、フィレンツェしかないとなって、ミケランジェロのピエタの前で理由なく号泣した事件を打ち明ける。すると、「あなたは、ミケランジェロとなんらかのかかわりがあって、ひょっとしたら弟子だったのかも。そのせいで、ミケランジェロがメッセージをおくって、その四次元的攻撃をそらしてくれて、心臓を外してくれたのよ」、と。

正直、どう受けとめたらいいか、いまだにわからないのだが、あの頃、鼻血が頻発し、電車のなかで突然に床一面に血が飛び散ったことまであったのに、その時以来ぴたっと止まって、爾後、一滴も出ていない。

43

竹の柵が石畳の路を閉ざしていて、それ以上は近づくことができない。数メートル先の茂みのなかに石づくりの小さな鳥居が三角に組まれていて、中央には幣（ぬさ）が一本建てられている。京都太秦の、『続日本紀』にも言及されているほど古い神社・木島座天照御魂神社――「このしまにますあまてるみたま」神社と読む。いまは水は枯れてないが、本来はそこは（湧き水だったのか?）池であり、まんなかに社として小さな「島」が設けられていたのかもしれない。その「島」に「アマテラス」ではない！「アマテル」がいます、ということか。

「アマテル」はいかなる神なのか。日本の神ではなく、西方由来の神あるいは天使。実際、この鳥居は、景教のネストリウス派の遺物という説もあるらしい。だが、ネストリウス派というならば、聖トマスがインドで広めたキリスト教のはずだ。インドのトリシュールを訪れたときに、わたしがなぜか、どうしても行かなければならないという気持ちになって、かれがはじめてインドに足を踏み入れた場所に建てられた教会を訪れたりもした。かれの影はここにものびてきているのか。

柵の前に跪き、祝詞を詠み上げ、紅の繭を三角鳥居に向かって投げる。

木島神社は別名「蚕の社」とも呼ばれている。イシスの紅花で染め上げた真紅の繭一個を、まるで爆弾のように、投げ込む。

飛べ！

舞え！

踊れ！

すると、その祝福に応えて、鳥居の中からまっすぐに紅蓮の焔が踊るように立ち昇り、大きな鳥の姿となって空に飛んでいく。

赤赤赤

そのように、赤
クリムソンレーキ
カドミウムレッドパープル
赤よ！

長いあいだの封印を解かれて
「水のなかの火」が、いま、放たれる。
そしてその瞬間、突然、まぎれもなく西欧の街でよく聞く教会の鐘がガンガンと長いあいだ響きわたる。（あとで地図を調べてみたが、その一画には教会らしきものは存在していなかった。）

44

Dia！よ、Dia！　わがAnima！――と呼びかけながら、この奇妙な断片のエクリチュールを続けていたのに、突然、そう呼びかけ続けることができなくなる。突然、Dia、あなたが消え、そしてそこに、その「夜の明るさ」のなかに、あなたとは別の存在が、はっきりとした形姿（figure）をともなって出現する。

　それはきっと、わたしが「竜が傷ついているだけではない。かれと向かい合う天使もまた傷ついて、左の翼はもがれて失われている」と書きつけてしまったからだ。そのときからDia、あなたは遠ざかり後退し、かわって、傷ついた片翼の天使がわたしの「夢」の奥底にいるのだ。

　はじめは暗い冷たい水のなか。まるでオフィーリアのように横たわって、木の枝をつかんだ片手を水の上にかかげて。それから、今度は、やはり暗い地下水路のようなトンネルのなかを水を蹴立てて走っていく。走るにつれて、立ち並ぶ墓標のような、オベリスクのような、モノリスが次々と後ろに倒れていく。

　ドゥーブル（Double）、それはわがドゥーブル（分身）なのか。なぜか、その喉には、まるで一本の樹木（き）のような傷が刻まれている。声を奪われ、言葉を閉じられて。傷の樹木（き）……（iとは、頭と体とが切り離された痕跡（しるし）であるのかもしれなかった）……喉を切られた吟遊詩人（バード）……それと心臓を共有する片翼のドゥーブル＝天使、きっとかれにも名を与えなければならないだろう……するとどこからか、名が下りて来る、ミリエル Myriel と。

Myriel、わがドゥーブル。それが、――名はいつでも仮の約束！――わたしの存在という「法」のひとつの「名」となるのだった。

45

ここ数年くらい、パリに滞在すると、到着直後と帰国直前に六区にあるサン＝シュルピス教会に行く。噴水のある広場を横切り、石の階段をのぼり、重い木の扉を押し、大理石がつくり出す広く高く冷たい内部空間に入って、しかし後陣に向かうのではなく、外陣のすぐ横にある「聖天使のシャペル」へ。そこにドラクロワが、晩年の六年間をかけて描いた絵画三作品が飾られている。

なぜか、天井画の《竜を打ちのめす聖ミカエル》には心を奪われないのだが、《天使と組み打ちするヤコブ》、《寺院から追放されるヘリオドロス》という向かい合う二作品の「あいだ」の空間――淡い幾何学模様のステンドグラスを通して横から光が差し込んでくる！――にわが身を滑りこませて、〈祈る〉というのではなく、ただぼんやり佇む、いや、漂うのだ。

目が惹きつけられるのは、ヤコブの腿を抱え込んだ（名を与えられていない）天使のまっすぐな眼差しとその向こうに聳え立つ大樹、そしてその傍を曲がりくねって流れる急な水。そして、こちらも名を知らず、突然、一陣の風とともに、まるでサン＝シュルピス教会そのものでもあるような巨大な寺院の内部空間に出現した、馬に跨がる槍をもつ天使、そのまっすぐな眼差し。

サン＝シュルピス教会を出るとそのまま歩いて、ドラクロワのアトリエがあるフュルスタンベルク広場へ行ってみてもいいかもしれない。あるとき（たった一度だけだが）そこで〈カルメン〉に出会ったことがある。歩道の上でメゾ・ソプラノの美しい女性が歌っていたのだ。わたしは聞き惚れた。「カルメン」からの数曲が終ってサン＝サーンス《サムソンとダリラ》からの歌、Verse-moi, verse-moi l'ivresse（陶酔をわたしに注いで！）、その声に、たしかにわたしの心は、謎めいた陶酔の方へと開いていくのだった。

46

水が湧き上がってくる。そのたびに底から砂が舞い上がり、また沈んでいく。そしてまた、大地が呼吸しているかのように、リズムをともなって、少し青みがかった水が次々と底から湧き出てくる。わたしは、誰かを抱きしめるように両腕を前にのばして、その「新しい時間」を汲みあげる。「湧き上がれ、水よ！」と歌っていたのは誰だったか。そうしながら、わたしは思い出す、数年前に自分が書いたテクストを。それは言っていた――「自己を救出する、そのためには、自分自身が、無動機の、限りない、湧き上がる《泉》だということに思いいたすこと」（『君自身の哲学へ』）と。とうとうその《泉》にわたしは辿り着いたのだったろうか。

（未完）

庭、その誰？——編集人あとがき

あっという間に二年という時間が経ってしまいました。

第Ⅲ号の刊行が二〇一九年八月。翌年の春に五年間勤めた青山学院大学を退職していわゆる「定年生活」に突入。そこでわたしの過去の痕跡を多少なりともまとめておこうと、まずは、わたしがフランス現代哲学をどのように生きたかを、『《人間》への過激な問いかけ』、『死の秘密、《希望》の火』の二冊にまとめて水声社から出版していただきました。半世紀にも及ぶさまざまな資料を整理して、現時点からのコメントを書くというドキュメントの仕事に手いっぱいとなって、とても『午前四時のブルー』にまで頭がまわらなかったということもありますが、第Ⅰ号のパスカル・キニャール、ボヤン・マンチェフ、フィリップ・ジャコテ、第Ⅲ号のマルク＝アラン・ウアクニンなどのように、この人とのコンタクトの痕跡を残しておきたいという強い核がみつからないまま、また自分自身のエクリチュールに対するある種の躊躇いのようなものもあって——さらには新型コロナの災厄も重なってと言い訳を重ねておきましょう——なかなか踏み出すことができませんでした。なるほど、よく言ったものだ！「三号雑誌」の呪いはあるんだなあ、と感じました。

ところが、二〇二一年に入って、ＡＡＲ（難民を助ける会）会長（当時）の柳瀬房子さんのアイデアから出発して、突然に、わたしのために（！）クラシック音楽のコンサートが企画され、東京大学大学院の講義に熱心に出席してくれていた木許裕介さんが指揮者となることになり、かれと打ち合わせをしていた場で、わたしが何気なく口にした「いま、夜が明ける！」というフレーズがコンサートのタイトルとなりました。

なんということ！　この雑誌は「午前四時のブルー」、まさに、夜明けの一瞬前のブルー。となれば、まずこの雑誌からこそ夜が明けるのでなければなりません。しかも、二〇二〇年の二月にパリの画廊で展覧会が行われたイレーヌ・ボワゾベールさんの絵とわたしのフランス語の詩による詩画集『D'Eau et de Feu』（水と火と）の内容は、まさに深い暗い「夜の水」から「火」が立ち上がり、「夜が明ける！」展開ではなかったか、と思い至りました。そうなれば、わたしの詩の翻訳を添えて、イレーヌさんの作品を、いまこそ、掲載するべきではないか！と。

海外の友人たち、若い人々との交流、それが、わたしにとって、この「庭」を開くことの意味でした。ポエティックな「庭」。しかし、コロナ禍の影響もありますが、「定年生活」ということになると、交流と刺激の場はだんだん減っていきます。そして、わたし自身も、たんなる老いとは別の、もうひとつの新しい季節へと入っていくべきなのだと思います。

『午前四時のブルー』――それは、わたしがそのような「季節の転回」を生きるための「小径（こみち）」（本号所載、吉増さんの詩の言葉を借りました！）だったのだと思います。

この号をもって『午前四時のブルー』最終号とさせていただきます。

❦

吉増剛造さん――吉増さんからは原稿が郵便で届きます（わたしも原稿依頼を手紙でしました。電話もメールもファックスも使わず郵便です。すでにして、それが「詩」的です）。で、封をあけると、和紙に赤いインクの手紙。そして切り貼りをした二百字詰め原稿用紙が八枚。もちろん、手書き。編集指示がいくつも赤字で入っています。すごい！　どうやらタイトルは、はじめにフランス語のCiel、そして空。あいだにslashと。おお、夜空か、明けるのか、でも最初の文字が読めない！　この難読の原稿をにらんでいるうちに、じわっと涙が出てきます。ああ、心の尖筆、突きつけられて、その切っ先／（slash）尖点がなにかの膜を破って、なかに入っていたなにかがほとばしって……いつもそうだった、「はじめ」もそうだった……あれは一九七二年、『詩と思想』という雑誌（十二月号）に生まれてはじめて詩論を書いた。わたしは、いまとまったく変わらないね、「希望の詩学」という題で、吉増剛造と清水昶の詩を論じた。そうしたら、驚いたことに、吉増さんから手紙が届いた。驚愕して、わたしはどうしていいかわからず、返信できなかった。応答不能……いつも遅れてしまう返事、けっして間に合わない返信……半世紀も前のそんな「感覚」を思い出していたのかもしれなかった……。

思いきって剛造さんにお願いしてよかった。この雑誌、毎回ひとりは、オーセンティックな詩人をお招きしたいと思って、最初は朝吹亮二さん、第Ⅱ号は野村喜和夫さん、そして第Ⅲ号は、「肉体の詩人」舞踏家の工藤丈輝さん。いずれも同世代か、わたしより若い人だったのだけど、最終号となるのなら、わたしにとって「詩人」という存在の現存する原型（原景）であった人に「わが庭」にちらっとでも立ち寄っていただきたかった。吉増さんには、「ただの一行のテクストでもいいので……」とお願いしたのですが、そうしたら、なんという力作！　紙の隅々にまで情（こころ）が染み貫き通った原稿を届けてくださいました。赤字でたくさん編集指示が入った原稿を見ているうちに、やはり、これそのものが「作品」、このまま掲載するべきだ、と思うようになりました。そうです、当初予定していた順序も入れ替えて、冒頭八頁のグラビアで（それを解読した印刷版もあとに掲げさせていただきます。）

ほんとうはここに書くべきことではないのかもしれませんが、読んでいただければわかるように、吉増さんのこの詩は、「イ（i）の樹木（き）」のまわりをまわっています。とすると、わたしはどうしても、この詩を、二〇一七年足利市立美術館で開催された「涯（ハ）テノ詩聲（ウタゴエ）　詩人　吉増剛造展」のカタログにわたしが書かせていただいたテクスト「追走・Inochi の地形――剛造さんの「歩行」の原風景をたずねて」への吉増さんからの応答として読まないわけにはいきませんでした。わたしのその原稿は、吉増さんの詩のなかに出てくるまさに「灰の木」、そう「ハイ（i）の木」、その「Inochi の木」を探して歩く

「追走」の試みだったのですから（しかもそこでもたしかに——石巻のではなく駒場のですが——「踏切」を横切っていかなければならなかったのでした）。（こう言わせてください）この「友情」に感謝深く、剛造さん、ありがとうございました。

剛造さんは、毎週一回YouTubeのプログラム（「Smoky Diary」）をもっていて、その八月十九日の回では、この詩の原稿が大きな樹に貼りつけられていて、その前で剛造さんが線香の煙とともに冒頭の一連を朗読しました。その「slash」の激しさ！　衝撃でした。どうぞ、ごらんになってください（この九月に新たに詩集『Voix（ヴォワ）』が思潮社から刊行とうかがっています。また十一月には講談社現代新書で『詩とは何か』が刊行予定です）。

❦

そしてコンサート「いま、夜が明ける！」のセクションです。

田中彩子さん——コロラトゥーラの歌手。ウィーン在住です。今回、コンサートに出演してくださることになったので、それならば、この「雑誌」の方の「（ことばの）コンサート」にも出演していただけないか、とお願いしました。五月以降、お忙しいなか、二、三週間に一度くらいのペースで、ウィーンと東京のあいだでメールを通じて「対談」をさせていただきました。ここでは彩子さんの写真を載せられないのが残念ですが、すてきなフォトエッセイが出版されていますので、どうぞ、そちらをご覧ください（田中彩子『Coloratura』小学館、二〇一六年）。

木許裕介さん——指揮者で、エル・システマジャパン音楽監督などをされている方です。東京大学大学院（比較文学比較文化）の修士課程の学生として、わたしの講義に出席してくれていました。修士論文は十九世紀パリの照明の問題を扱ったものだったはずです。が、かれの言葉によれば、わたしの一言によって、博士課程進学を捨てて、指揮者という厳しい道を選択したということです（もちろん、わたしはそういう自分の乱暴な言葉をまったく覚えていないのですが)。そして二〇一八年、ポルトガルで行われたBMW国際指揮コンクールでみごと第一位優勝! かれから報告のメールをもらって、とても嬉しかったことを思い出します。わたしの乱暴な言葉で傷つくだけの若い人も多いのかもしれませんが、このようにそれがフラワーリングの道への契機になることもあるんだ、と。(木許さんのホームページ「NUIT BLANCHE」もどうぞごらんください)

髙山花子さん——髙山さんも、東京大学大学院ですが、こちらはわたしが所属していた「表象文化論」の院生でした。現在は、東京大学・藝文書院(EAA)の助教です。モーリス・ブランショ——レシ「レシ」の問題を扱った博士論文ですでに博士号を取得しています(『モーリス・ブランショ——レシの思想』として水声社より九月に刊行)。髙山さんも、今回のテクストでみずから語っているように、ほんとうに「ひょんなことから」コンサートの立ち上げにかかわるようになってしまいました。じつは、髙山さんは学部生だった頃、「声」に興味があって「声明」で修論を書きたいと言ってきたのを、わたしが一言のもとに、「それはやめたほうがいい」と却下して、ブランショ研究の方へ誘導したのでした。その意味では、髙山さんもわたしの「被害者」のひとりかもしれません(ああ、教授とはなんと罪深い存在であることか!)。でも、髙山さんのテクストを読むと、今回、上田真樹さんの「あめつちのうた」とともに、ようやく「声」へ、立ち昇る「声」へ、たどりついたとも言えるのかもしれない、とわたしは勝手に安堵するのです。

齊藤颯人さん——若きアクセサリー・デザイナー。東京大学退職後、わたしが勤めた青山学院大学大学院総合文化政策学研究科の院生として、ドイツ系アメリカ人女性アーティスト(ミニマリズム)のエヴァ・ヘスについての修士論文を書きました。そして、博士課程には進まず、みずからの「美」のセンスをきわめる道を選び、映像関係などさまざまな仕事をしながらオリジナルなアクセサリー・アートを創ろうとしています。かならずしも、平面構成のデザインを専門にしているわけではないのですが、今回のコンサートの話が立ち上がったときに、一度もコンサート・フライヤーなどをデザインしたことのない人に新しい感覚を出してもらいたいと思ったら、なぜか齊藤さんの顔が浮かんだので、躊躇することなく依頼したのですが、素早い反応、ただちにすてきなフライヤーをデザインしてくれました。

ここまでが、今回のコンサートに直接に関わる友人たちです。

ならば、この主題を折り返して、コンサートには直接関わってはいないけれど、まさに「音・音楽・空間」のプロフェッショナルの友人たちの「声」を響かせたいと思いました。そして、三人の古くからの友人に声をかけました。

オノセイゲン（小野誠彦）さん――まさに音響デザイナーというべきなのか。作曲家であり、マスタリングの大家であるわけですが、じつは、わたしはセイゲンさんのお仕事をよくわかっていなかった。でも、一例ですが、コム・デ・ギャルソンの川久保玲さんの絶大な信頼を得て、表参道のお店で流れる音楽を統括していたりもしていました。不思議な人なのです。掲載した対談の冒頭で述べているように、わたしは、「表象文化論」の最初期の院生であったケイコ・クルディさんの当時のパートナーという形で知り合ったのですが、この機会に、セイゲンさんの世界を少し教えてもらいたいと思って対談を申し込みました。

でも、びっくりでした。セイゲンさんが、清水靖晃さんとお仕事をしていたことは知っていたのですが、それだけではなかった、かれが一九九七年に出した三枚組のCD『La Movida』には、「Kodai Tenmondai」という七分三〇秒の作品があるのですが、そこで流れるのは、なんと！「古代天文台……」と朗唱する吉増剛造さんの「声」なのです。一九九二年十一月ブラジルのサンパウロでの録音。さすがyou are here！　セイゲンさんは、本号冒頭の剛造さんから靖晃さんまでを密かにつないでいるのです。

千種さつきさん——ただひとり四号連続の登場です。なにしろ（第Ⅰ号に記したとおり）「午前四時のブルー」の名付け親ですから……いつもこの雑誌と連動した茶会記のテクストを寄せてくれています。思い出しておきましょう。それぞれの茶会の主客は、

第Ⅰ号　高木由利子さん
第Ⅱ号　パスカル・キニャールさん
第Ⅲ号　ミケル・バルセロさん
第Ⅳ号　清水靖晃さん

でした。いかにこの雑誌と連動していたかがわかります。

今年、ミケル・バルセロさんの大規模な展覧会が、大阪（国立国際美術館）からはじまって、長崎県美術館、三重県立美術館、そして冬には東京・オペラシティアートギャラリーで開かれています。しかし、コロナ禍のせいで美術館が突然休館になったりとひどい状態で、ミケルもまだ来日できないでいます。胸が痛みます。

さつきさんの茶会の本は水声社から刊行されています（『気配、その美』）、そしてついでですが、わたしのミケル・バルセロ論は未来社からです（『ミケル・バルセロの世界』）。

清水靖晃さん——さつきさんが「清水茶会」のテクストを書いてくださって、そこから、日本ではほとんど知られていない、靖晃さんご自身のテクストをここに採録して掲載しようという動きになりました。靖晃さん、快諾してくださった。

セイゲンさんとの対談、さつきさんの茶会テクストでも触れられているとおり、ずっと闘病なさっていた奥さまのリサさんが六月末に亡くなられました。明るい、強い、美しい方でした（本号六三頁にリサさんが撮影した清水さんの写真があります）。

『午前四時のブルー』として、ここに天にかえるリサさんをお送りし、靖晃さんに悲しみの共有

を差し出します。

ですから、わたしとしては、とても靖晃さんに原稿をお願いすることなどできなかったのですが、さつきさんのおかげで、靖晃さんの「声」が響いてきました。

わたしの個人的な、あまりに個人的な思いですが、これでわたしは、わたしが二〇一五年春、東京大学を定年退職するときに行った「最終講義」のあとのパフォーマンスを助けてくださった、三人の素晴らしいアーティスト（山田せつ子さん、工藤丈輝さん、清水靖晃さん）の全員を、「茶室」ならぬ、わたしのこの「小さな庭」にお招きすることができました。

いま、思えば、わたしが受けた多くの友情に——返礼というのではなく——遠くから応答するために、わたしはこの雑誌をつくりたかったのではないか、と思います。

❦

そして、最後は、わたし自身のコーナーです。

イレーヌ・ボワゾベールさん（Irène Boisaubert）——すでに第Ⅱ号に北極圏の旅で出会った光景について詩と版画を寄稿してくださっています。その後のことですが、二〇一九年二月、わたしがパリに滞在したときに、わずか二日ほどで書いたフランス語の詩にインスピレーションを得て、彼女も一挙に絵を描いてくれました。それから、フランスの印刷局でのとても難しい工程を経て、わずか十五部限定の詩画集が完成したのでした（版元は、第Ⅲ号に登場したヴァンサン・シュミットさんが主宰する Oui éditeur です）。

そして翌二〇二〇年二月、パリ・オデオンのギャラリーで展覧会が開催されました。もちろん、最後の大学業務となった青山学院大学での博士論文審査を終えてそのまま、わたしも日本から駆けつけたのでした。不思議ですねえ、わたしに詩を書いて、と頼むのですから（日本ではそういう人は皆無です）。そして、頼まれると、なぜか書いてしまうのですね、わたしは。でも、その後、イレーヌさんは何度も「ピエタをテーマに詩を書いて！」と言ってきてくれているのですが、これは、まだ降りてきません……ここで、問題になっているのは、ミラノのいわゆる「ロンダニーニのピエタ」なのですが……（第III号一二〇頁をごらんください）。

小林康夫――今回、詩画集『D'Eau et de Feu』の自分のテクストを日本語に訳しましたが、当然ですが、全然、別のものです。やはり「詩的なもの」は、いわゆる意味（signification）ではないことを感じます。波動がちがうというか。ということは、立ちのぼる空間がちがうというか。

ですから、逆に、今回、「悲歌」と称して二篇の行分けの詩らしきテクストを掲載させていただきましたが、こちらは、わたしにとっては日本語の響きとリズムのなかに深く根づいているような気がします。奇妙なことをはじめてしまった、と思っているのですが、ここ数ヶ月、リルケの詩作品というよりは、リルケという存在が戻ってきたように感じていて、それを抜けるために、どうしても「悲歌」へ応答するという身振りが必要だったのです。詩というものの本質には、自己表現などということとはまったく関係のない次元もあると思います。これが、わたしの言葉なのかどうか、わたしは自信がありません。ですから、このあとはたして八つの悲歌を書き続けることができるのか、わかりません。

そして、最後は、第I号からずっと連載している「火と水の婚礼――あるいは秘法XXI番」です。じつは、ある意味では、わたしにとっては、このエクリチュールを続ける場として『午前四時のブルー』が必要だったのです。そして、言うまでもなく、タイトルが示すように、詩画集『D'Eau et de Feu』のテクストはこのエクリチュールと共振するものでした。

「秘法XXI番」とは、もちろんアンドレ・ブルトンの「秘法XVII番」への応答です。ブルトンがタロット・カードのXVII（「星」）をもってきたので、わたしのほうは、その大アルカナの最後のカードであるXXI（「世界」）をもってこようとしたのでした。かつてわたしは、拙著『表象の光学』（二〇〇三年）を刊行するときに、書き下ろしで「墜落と希望――ブルトン『ナジャ』における痙攣的実存」と題した『ナジャ』論を書きました。それによって、わたしとしては、若いときから抱えていた「火の問い」のひとつに応えることができました。ですが、（『狂気の愛』もですが）『秘法XVII番』が残っていました。しかし、わたしはもうブルトンのそのテクストを批評的に論じることでは、それに応答できない。むしろ、その延長線上で、わたし自身の「秘法」Arcane を行為するしかない、というところに来てしまっているのだと思います。だから、このエクリチュールは、けっして「作品」として完結することのない断片の連鎖です。今回もまた、印刷のための頁調整によって決められた「余白」に準じて断片を連ね、それが区切りとなります。未完のまま放り出すということです。その「未完」の「夜」のなかに、まるで「燃える星」のように、『秘法XVII番』の最後に刻まれたフレーズが響きます――「光を創り出す者はほかならぬ反抗であり、反抗だけなのだ」（宮川淳訳）と。

最後になりましたが、わたしのこの反抗的かつ秘法的「余白の庭」をつくることをゆるしてくださった、古くからの友・水声社社主の鈴木宏さん、四冊の面倒な編集作業をいっしょに楽しみつつ行ってくれた編集者の井戸亮さん、そして挑戦的な装丁デザインを仕掛けてくれたデザイナーのガスパールさんに、心よりの感謝を捧げます。

以上で、本号の最後の言葉となる予定でしたが、校正作業をはじめようとしていた八月十九日に、ブルガリアの友人の哲学者、ボヤン・マンチェフからメールが届きました。そうしたら、そこに追伸として、かれが書いた詩がありました。フランス語の八行の短い詩ですが、かれによると、これは、われわれの共通の友人であるフランスの哲学者ジャン＝リュック・ナンシーの誕生日（七月二十六日）を祝って書いたものだと。ならば、ボヤンは、すでに第I号に詩を寄せてくれていましたし、今号の千種さつきさんのテクストもかれの思い出からはじまっているし、これも「友情の呼びかけ」だと、本号のコーダとして、「目次に入らない余白」の「友情の徴(しるし)の詩」を残させてもらおうと思ったのでした。

ところがその翌日、ボヤンからまたメールが来ました。

Yasuo へ

深い悲しみをきみと分ち合わなければなりません。われわれの友ジャン゠リュックが亡くなったという報せです。昨夜二十二時三十分、かれの命が消えました。

まさにこの日、われわれはきみとジャン゠リュックという星について語りあったのでした。かれの容態が予断を許さないということは知っていました。だから、ぼくの詩は、また祈りの形でもありました。哲学の星への祈りです。

この星がけっして消えてなくなるのではないとわれわれはわかっています。それでも、この日の悲しみは深くふかく。

哲学の永遠というものが存在する、そしてジャン゠リュックは以後、そこに住まうのだとぼくは思います。

衝撃の報せでした。ジャン゠リュック・ナンシーは、昨年刊行の『死の秘密、《希望》の火』のなかで触れたように、わたしにとっては、一九八〇年からいままで、折りにふれて、率直におたがいの思考を触れあわせることができた、まさに哲学の「先輩」でありました。「師」ではなく「先輩」、つまりは「友」。

ここに『午前四時のブルー』として、夜空に輝くシリウスを見上げつつ、「哲学の永遠」に戻っていく友、ジャン゠リュック・ナンシーを追悼します。

Sirius

à Jean-Luc

L'étoile du philosophe est ardente
Né en juillet, il n'échapperait pas à la loi de l'excès
car l'excès c'est l'existence même –
son cœur ardent – dignité

Étoile-gardienne, double sidéral de la vie
Double rayonnement –
musique inimaginable des astres,
vie philosophie étoilée

22 juillet 2020 – 26 juillet 2021

シリウス

ジャン＝リュックのために

火と燃える哲学者の星
7月生まれのかれは、過剰の法を逃れはしない
なぜなら過剰こそ実存そのものだから——
火と燃えるかれの心臓——それが尊厳

守護-星、それは星と輝く生命のドゥーブル
ドゥーブルの光輝——
天体が奏でる想像を絶した音楽,
生・フィロゾフィー，星となって

2020年7月22日–2021年7月26日

目次

午前四時のブルー　Ⅳ

二〇二一年九月三〇日第一版第一刷印刷
二〇二一年一〇月一〇日第一版第一刷発行

責任編集――小林康夫
発行者――鈴木宏
発行所――株式会社水声社
東京都文京区小石川二―七―五　郵便番号一一二―〇〇〇二
電話〇三―三八一八―六〇四〇　ＦＡＸ〇三―三八一八―二四三七
［編集部］
横浜市港北区新吉田東一―七七―一七　郵便番号二二三―〇〇五八
電話〇四五―七一七―五三五六　ＦＡＸ〇四五―七一七―五三五七
郵便振替〇〇一八〇―四―六五四一〇〇
URL : http://www.suiseisha.net

印刷・製本――モリモト印刷

ISBN978-4-8010-0344-6